Friedrich Schiller

Wilhelm Tell

Schroedel

Friedrich Schiller (1759–1805). ›Gewandbüste‹ in Gips, lebensgroß (79,8 [mit Sockel] x 48 x 24 cm), von Johann Heinrich Dannecker (1758–1841), entstanden 1794

Friedrich Schiller

Wilhelm Tell

Schauspiel

Zum Neujahrsgeschenk
auf 1805

Personen

Einführende Erläuterungen zum Stück und zu den Personen → Seite 143

Herrmann Geßler, *Reichsvogt in Schwyz und Uri*
Werner, *Freiherr von* Attinghausen, *Bannerherr*
Ulrich von Rudenz, *sein Neffe*

Werner Stauffacher
Konrad Hunn
Itel Reding
Hans auf der Mauer
Jörg im Hofe
Ulrich der Schmidt
Jost von Weiler
} *Landleute aus Schwyz*

Walther Fürst
Wilhelm Tell
Rösselmann *der Pfarrer*
Petermann *der Sigrist*
Kuoni *der Hirte*
Werni *der Jäger*
Ruodi *der Fischer*
} *aus Uri*

Arnold vom Melchthal
Konrad Baumgarten
Meier von Sarnen
Struth von Winkelried
Klaus von der Flüe
Burkhardt am Bühel
Arnold von Sewa
} *aus Unterwalden*

Pfeiffer von Luzern
Kunz von Gersau
Jenni *Fischerknabe*
Seppi *Hirtenknabe*
Gertrud *Stauffachers Gattin*
Hedwig *Tells Gattin, Fürsts Tochter*
Bertha von Brunek *eine reiche Erbin*

Armgard, Mechthild, Elsbeth, Hildegard – *Bäuerinnen*

Walther, Wilhelm – *Tells Knaben*

Frießhardt, Leuthold – *Söldner*

Rudolph der Harras *Geßlers Stallmeister*
Johannes Parricida *Herzog von Schwaben*
Stüssi *der Flurschütz*
Der Stier von Uri
Ein Reichsbote
Fronvogt
Meister Steinmetz, Gesellen *und* Handlanger
Öffentliche Ausrufer
Barmherzige Brüder
Geßlerische *und* Landenbergische Reiter
Viele Landleute, Männer *und* Weiber *aus den Waldstätten*

Erster Aufzug

Erste Szene

Hohes Felsenufer des Vierwaldstättensees, Schwyz gegenüber. Der See macht eine Bucht ins Land, eine Hütte ist unweit dem Ufer, Fischerknabe fährt sich in einem Kahn. Über den See hinweg sieht man die grünen Matten, Dörfer und Höfe von Schwyz im hellen Sonnenschein liegen. Zur Linken des Zuschauers zeigen sich die Spitzen des Haken, mit Wolken umgeben; zur Rechten im fernen Hintergrund sieht man die Eisgebirge. Noch ehe der Vorhang aufgeht, hört man den Kuhreihen und das harmonische Geläut der Herdenglocken, welches sich auch bei eröffneter Szene noch eine Zeitlang fortsetzt.

Vierwaldstättensees → Seite 146

Matten Wiesen, Weiden

Haken Berg im Kanton Schwyz

Eisgebirge schneebedeckten Berge

Kuhreihen Kuhreigen; Melodie, die von den Hirten gesungen oder auf dem Alphorn geblasen wird, um das Vieh zusammenzutreiben

Gestade Ufer

Fischerknabe *singt im Kahn. Melodie des Kuhreihens.*
Es lächelt der See, er ladet zum Bade,
Der Knabe schlief ein am grünen Gestade,
Da hört er ein Klingen,
Wie Flöten so süß,
Wie Stimmen der Engel
Im Paradies.
Und wie er erwachet in seliger Lust,
Da spülen die Wasser ihm um die Brust,
Und es ruft aus den Tiefen:
Lieb Knabe, bist m e i n!
Ich locke den Schläfer,
Ich zieh ihn herein.

Hirte *auf dem Berge. Variation des Kuhreihens.*
Ihr Matten lebt wohl,
Ihr sonnigen Weiden!

Senne Alphirt, Senn(er)

Der Senne muss scheiden,
Der Sommer ist hin.
Wir fahren zu Berg, wir kommen wieder,
Wenn der Kuckuck ruft, wenn erwachen die Lieder,
Wenn mit Blumen die Erde sich kleidet neu,
Wenn die Brünnlein fließen im lieblichen Mai.
Ihr Matten lebt wohl,
Ihr sonnigen Weiden!
Der Senne muss scheiden,
Der Sommer ist hin.

Alpenjäger *erscheint gegenüber auf der Höhe des Felsen. Zweite Variation.*

schwindlichtem schwindelerregendem

Reis Reisig, dünner Zweig

Es donnern die Höhen, es zittert der Steg,
Nicht grauet dem Schützen auf schwindlichtem Weg,
Er schreitet verwegen
Auf Feldern von Eis,
Da pranget kein Frühling,
Da grünet kein Reis;
Und unter den Füßen ein neblichtes Meer,
Erkennt er die Städte der Menschen nicht mehr,
Durch den Riss nur der Wolken
Erblickt er die Welt,
Tief unter den Wassern
Das grünende Feld.

Die Landschaft verändert sich, man hört ein dumpfes Krachen von den Bergen, Schatten von Wolken laufen über die Gegend.

Handbube (schweiz.) Gehilfe, Knecht (des Sennen)

Ruodi der Fischer *kommt aus der Hütte,* **Werni der Jäger** *steigt vom Felsen,* **Kuoni der Hirte** *kommt, mit dem Melknapf auf der Schulter.* **Seppi** *sein Handbube, folgt ihm.*

Ruodi. Mach hurtig Jenny. Zieh die Naue ein.
Der graue Talvogt kommt, dumpf brüllt der Firn,
Der Mythenstein zieht seine Haube an,
Und kalt her bläst es aus dem Wetterloch,
Der Sturm, ich mein, wird da sein, eh wir's denken.
Kuoni. 's kommt Regen, Fährmann. Meine Schafe fressen
Mit Begierde Gras, und Wächter scharrt die Erde.
Werni. Die Fische springen, und das Wasserhuhn
Taucht unter. Ein Gewitter ist im Anzug.
Kuoni *zum Buben.*
Lug, Seppi, ob das Vieh sich nicht verlaufen.
Seppi. Die braune Lisel kenn ich am Geläut.
Kuoni. So fehlt uns keine mehr, die geht am weitsten.
Ruodi. Ihr habt ein schön Geläute, Meister Hirt.
Werni. Und schmuckes Vieh – Ist's Euer eignes, Landsmann?
Kuoni. Bin nit so reich – 's ist meines gnäd'gen Herrn,
Des Attinghäusers, und mir zugezählt.
Ruodi. Wie schön der Kuh das Band zu Halse steht!
Kuoni. Das weiß sie auch, dass sie den Reihen führt,
Und nähm ich ihr's, sie hörte auf zu fressen.
Ruodi. Ihr seid nicht klug! Ein unvernünft'ges Vieh –
Werni. Ist bald gesagt. Das Tier hat auch Vernunft,
Das wissen w i r, die wir die Gemsen jagen,
Die stellen klug, wo sie zur Weide gehn,
'ne Vorhut aus, die spitzt das Ohr und warnet
Mit heller Pfeife, wenn der Jäger naht.
Ruodi *zum Hirten.*
Treibt Ihr jetzt heim?
Kuoni. Die Alp ist abgeweidet.
Werni. Glücksel'ge Heimkehr, Senn!
Kuoni. Die wünsch ich Euch,
Von Eurer Fahrt kehrt sich's nicht immer wieder.
Ruodi. Dort kommt ein Mann in voller Hast gelaufen.

Naue (schweiz.) Fischerboot, Kahn

Talvogt tiefhängende, dunkle Wolken und Nebel

Firn Gletschereis; alter Schnee aus dem Vorjahr

Mythenstein gemeint ist der Gebirgszug Großer und Kleiner Mythen im Kanton Schwyz; eigentlich ist der Mythenstein eine aus dem Vierwaldstätter See ragende Felssäule.

Wächter Name des Hirtenhundes

Lug (landsch.) Schau (nach)

nit nicht

führt anführt, vorangeht; die Kuh, die die Herde anführt, hat eine besonders schöne Glocke.

unvernünft'ges vernunftloses

heller Pfeife hohem Warnruf

Alzellen Altzellen; Ort im Kanton Unterwalden

Werni. Ich kenn ihn, ’s ist der Baumgart von Alzellen.

Konrad Baumgarten *atemlos hereinstürzend.*

Baumgarten. Um Gottes willen, Fährmann, Euren Kahn!
Ruodi. Nun, nun, was gibt’s so eilig?
Baumgarten. Bindet los!
Ihr rettet mich vom Tode! Setzt mich über!
Kuoni. Landsmann, was habt Ihr?
Werni. Wer verfolgt Euch denn?
Baumgarten *zum Fischer.*
Eilt, eilt, sie sind mir dicht schon an den Fersen!
Des Landvogts Reiter kommen hinter mir,
Ich bin ein Mann des Tods, wenn sie mich greifen.

Reisigen bewaffneten Reiter

Ruodi. Warum verfolgen Euch die Reisigen?
Baumgarten.
Erst rettet mich, und dann steh ich Euch Rede.
Werni. Ihr seid mit Blut befleckt, was hat’s gegeben?

Des Kaisers Burgvogt Der Vogt war ein hoher Beamter, der als Vertreter eines Feudalherrschers regierte und Recht sprach.

Roßberg Burg im Kanton Unterwalden

Wolfenschießen Landvogt des Kantons Unterwalden

Hausrecht → Seite 146

Baumgarten. Des Kaisers Burgvogt, der auf Roßberg saß –
Kuoni. Der Wolfenschießen! Lässt Euch d e r verfolgen?
Baumgarten.
D e r schadet nicht mehr, ich hab ihn erschlagen.
Alle *fahren zurück.*
Gott sei Euch gnädig! Was habt Ihr getan?
Baumgarten. Was jeder freie Mann an meinem Platz!
Mein gutes Hausrecht hab ich ausgeübt
Am Schänder meiner Ehr’ und meines Weibes.
Kuoni. Hat Euch der Burgvogt an der Ehr’ geschädigt?
Baumgarten. Dass er sein bös Gelüsten nicht vollbracht,
Hat Gott und meine gute Axt verhütet.
Werni. Ihr habt ihm mit der Axt den Kopf zerspalten?
Kuoni. O lasst uns alles hören, Ihr habt Zeit,
Bis er den Kahn vom Ufer losgebunden.

Baumgarten. Ich hatte Holz gefällt im Wald, da kommt
Mein Weib gelaufen in der Angst des Todes.
»Der Burgvogt lieg in meinem Haus, er hab
Ihr anbefohlen, ihm ein Bad zu rüsten.
Drauf hab er Ungebührliches von ihr
Verlangt, sie sei entsprungen mich zu suchen.«
Da lief ich frisch hinzu, so wie ich war,
Und mit der Axt hab ich ihm 's Bad gesegnet.

Werni.
Ihr tatet wohl, kein Mensch kann Euch drum schelten.

Kuoni. Der Wüterich! Der hat nun seinen Lohn!
Hat's lang verdient ums Volk von Unterwalden.

Baumgarten.
Die Tat ward ruchtbar, mir wird nachgesetzt –
Indem wir sprechen – Gott – verrinnt die Zeit –
Es fangt an zu donnern.

Kuoni.
Frisch Fährmann – Schaff den Biedermann hinüber.

Ruodi. Geht nicht. Ein schweres Ungewitter ist
Im Anzug. Ihr müsst warten.

Baumgarten. Heil'ger Gott!
Ich kann nicht warten. Jeder Aufschub tötet –

Kuoni *zum Fischer.*
Greif an mit Gott, dem Nächsten muss man helfen,
Es kann uns allen Gleiches ja begegnen.
Brausen und Donnern.

Ruodi. Der Föhn ist los, Ihr seht wie hoch der See geht,
Ich kann nicht steuern gegen Sturm und Wellen.

Baumgarten *umfasst seine Knie.*
So helf Euch Gott, wie Ihr Euch mein erbarmet –

Werni. Es geht ums Leben, sei barmherzig, Fährmann.

Kuoni. 's ist ein Hausvater, und hat Weib und Kinder!
Wiederholte Donnerschläge.

rüsten bereiten

mit der Axt hab ich ihm 's Bad gesegnet → Seite 146

ruchtbar ruchbar, bekannt

Biedermann ehrlichen, rechtschaffenen Mann

Greif an Handle, leiste Beistand

Föhn warmer, trockener Fallwind in den Alpen

Hausvater Oberhaupt einer Hausgemeinschaft; Familienvater

Ruodi. Was? Ich hab auch ein Leben zu verlieren,
Hab Weib und Kind daheim, wie er – Seht hin
Wie's brandet, wie es wogt und Wirbel zieht,
Und alle Wasser aufrührt in der Tiefe.
– Ich wollte gern den Biedermann erretten,
Doch es ist rein unmöglich, ihr seht selbst.

Baumgarten *noch auf den Knien.*
So muss ich fallen in des Feindes Hand,
Das nahe Rettungsufer im Gesichte!
– Dort liegt's! Ich kann's erreichen mit den Augen,
Hinüberdringen kann der Stimme Schall,
Da ist der Kahn, der mich hinübertrüge,
Und muss hier liegen, hülflos, und verzagen!

Kuoni. Seht wer da kommt!

Bürglen Ort im Kanton Uri

Werni. Es ist der Tell aus Bürglen.

Tell *mit der Armbrust.*

Tell. Wer ist der Mann, der hier um Hülfe fleht?

Alzeller Mann Einwohner des Ortes Altzellen

Kuoni. 's ist ein Alzeller Mann, er hat sein' Ehr'
Verteidigt, und den Wolfenschieß erschlagen,
Des Königs Burgvogt, der auf Roßberg saß –
Des Landvogts Reiter sind ihm auf den Fersen,
Er fleht den Schiffer um die Überfahrt,
Der fürcht't sich vor dem Sturm und will nicht fahren.

Ruodi. Da ist der Tell, er führt das Ruder auch,
Der soll mir's zeugen, ob die Fahrt zu wagen.

zeugen bezeugen, bestätigen

Heftige Donnerschläge, der See rauscht auf.

Wo's nottut, … wagen. → Seite 146

Tell. Wo's nottut, Fährmann, lässt sich alles wagen.

Ruodi. Ich soll mich in den Höllenrachen stürzen?
Das täte keiner, der bei Sinnen ist.

Tell. Der brave Mann denkt an sich selbst zuletzt,
Vertrau auf Gott und rette den Bedrängten.

Ruodi. Vom sichern Port lässt sich's gemächlich raten,
Da ist der Kahn und dort der See! Versucht's!
Tell. Der See kann sich, der Landvogt nicht erbarmen,
Versuch es Fährmann!
Hirten und Jäger. Rett ihn! Rett ihn! Rett ihn!
Ruodi. Und wär's mein Bruder und mein leiblich Kind,
Es kann nicht sein, 's ist heut Simons und Judä,
Da rast der See und will sein Opfer haben.
Tell. Mit eitler Rede wird hier nichts geschafft,
Die Stunde dringt, dem Mann muss Hülfe werden.
Sprich, Fährmann, willst du fahren?
Ruodi. Nein, nicht ich!
Tell. In Gottes Namen denn! Gib her den Kahn,
Ich will's mit meiner schwachen Kraft versuchen.
Kuoni. Ha wackrer Tell!
Werni. Das gleicht dem Waidgesellen!
Baumgarten. Mein Retter seid Ihr und mein Engel, Tell!
Tell. Wohl aus des Vogts Gewalt errett ich Euch,
Aus Sturmes Nöten muss ein Andrer helfen.
Doch besser ist's, Ihr fallt in Gottes Hand,
Als in der Menschen!
Zu dem Hirten. Landsmann, tröstet Ihr
Mein Weib, wenn mir was Menschliches begegnet,
Ich hab getan, was ich nicht lassen konnte.
Er springt in den Kahn.
Kuoni *zum Fischer.*
Ihr seid ein Meister Steuermann. Was sich
Der Tell getraut, das konntet Ihr nicht wagen?
Ruodi. Wohl bessre Männer tun's dem Tell nicht nach,
Es gibt nicht zwei, wie der ist, im Gebirge.
Werni *ist auf den Fels gestiegen.*
Er stößt schon ab. Gott helf dir, braver Schwimmer
Sieh, wie das Schifflein auf den Wellen schwankt!

Port Hafen (von lat. ›portus‹)

gemächlich raten risikolos Rat geben

Simons und Judä 28. Oktober; der Gedenktag der Apostel Simon und Judas, der hier den Beginn der Winterzeit und das Ende der Weidesaison markiert

eitler bloßer

dringt drängt

Waidgesellen Jäger

Doch besser ist's … / Als in der Menschen! vgl. 2 Samuel 24,14

wenn mir was Menschliches begegnet wenn mir etwas zustößt, wenn ich umkommen sollte

braver tapferer

Kuoni *am Ufer.*
Die Flut geht drüber weg – Ich seh's nicht mehr.
Doch halt, da ist es wieder! Kräftiglich
Arbeitet sich der Wackre durch die Brandung.
Seppi. Des Landvogts Reiter kommen angesprengt.
Kuoni. Weiß Gott, sie sind's! Das war Hülf in der Not.

Ein Trupp Landenbergischer Reiter.

Landenbergischer Reiter berittene Soldaten des Vogts von Landenberg im Kanton Unterwalden

Erster Reiter. Den Mörder gebt heraus, den ihr verborgen.
Zweiter. Des Wegs kam er, umsonst verhehlt ihr ihn.
Kuoni und Ruodi.
Wen meint ihr, Reiter?
Erster Reiter *entdeckt den Nachen.*
Ha, was seh ich! Teufel!
Werni *oben.*
Ist's der im Nachen, den ihr sucht? – Reit zu!
Wenn ihr frisch beilegt, holt ihr ihn noch ein.
Zweiter.
Verwünscht! Er ist entwischt.
Erster *zum Hirten und Fischer.*
Ihr habt ihm fortgeholfen,
Ihr sollt uns büßen – Fallt in ihre Herde!
Die Hütte reißet ein, brennt und schlagt nieder!
Eilen fort.
Seppi *stürzt nach.*
O meine Lämmer!
Kuoni *folgt.* Weh mir! Meine Herde!
Werni. Die Wüt'riche!
Ruodi *ringt die Hände.*
Gerechtigkeit des Himmels,
Wann wird der Retter kommen diesem Lande?
Folgt ihnen.

verhehlt versteckt

den Nachen das (kleine) Boot, den Kahn

beilegt gegen den Wind segelt

Fallt Fallt ... ein

Zweite Szene

Zu Steinen in Schwyz. Eine Linde vor des Stauffachers Hause an der Landstraße, nächst der Brücke.

Steinen Ort im Kanton Schwyz

Werner Stauffacher, Pfeiffer von Luzern *kommen im Gespräch.*

Luzern Hauptstadt des Kantons Luzern

Pfeiffer. Ja, ja Herr Stauffacher, wie ich Euch sagte.
Schwört nicht zu Östreich, wenn Ihr's könnt vermeiden.
Haltet fest am Reich und wacker wie bisher,
Gott schirme Euch bei Eurer alten Freiheit!
Drückt ihm herzlich die Hand und will gehen.
Stauffacher. Bleibt doch, bis meine Wirtin kommt – Ihr seid
Mein Gast zu Schwyz, ich in Luzern der Eure.
Pfeiffer. Viel Dank! Muss heute Gersau noch erreichen.
– Was ihr auch Schweres mögt zu leiden haben
Von eurer Vögte Geiz und Übermut,
Tragt's in Geduld! Es kann sich ändern, schnell,
Ein andrer Kaiser kann ans Reich gelangen.
Seid ihr erst Österreichs, seid ihr's auf immer.

Schwört nicht zu Östreich → Seite 146

am Reich → Seite 146

wacker munter, wachsam

Wirtin Ehefrau, Hausfrau

Gersau Ort im Kanton Schwyz an den Ufern des Vierwaldstätter Sees

Er geht ab. Stauffacher setzt sich kummervoll auf eine Bank unter der Linde. So findet ihn **Gertrud,** *seine Frau, die sich neben ihn stellt, und ihn eine Zeitlang schweigend betrachtet.*

Gertrud. So ernst, mein Freund? Ich kenne dich nicht mehr.
Schon viele Tage seh ich's schweigend an,
Wie finstrer Trübsinn deine Stirne furcht.
Auf deinem Herzen drückt ein still Gebresten,
Vertrau es mir, ich bin dein treues Weib,
Und meine Hälfte fodr' ich deines Grams.
Stauffacher reicht ihr die Hand und schweigt.

Gebresten Kummer, Leid

Vertrau Vertrau … an

fodr' fordere

Glücksstand Wohlstand

glatten Pferde Pferde mit gepflegtem, glänzendem Fell

Winterung Überwinterung

Edelsitz Hof eines Adligen

Stammholz (teures) Bauholz, das aus Stämmen, nicht aus Ästen genommen wird

versteht meinst

Küßnacht Gemeinde im Kanton Schwyz am Nordufer des Vierwaldstätter Sees (damals zu Luzern gehörend)

wundernd erstaunt, verwundert

des Kaisers richterliche Macht / Vorstellt im Lande die kaiserliche Gerichtsbarkeit im Land verkörpert

Lehen vom Fürsten verliehener Besitz, für den der ihn nutzende Vasall dem Lehnsherrn Abgaben entrichten musste

Was kann dein Herz beklemmen, sag es mir.
Gesegnet ist dein Fleiß, dein Glücksstand blüht,
Voll sind die Scheunen, und der Rinder Scharen,
Der glatten Pferde wohlgenährte Zucht
Ist von den Bergen glücklich heimgebracht
Zur Winterung in den bequemen Ställen.
– Da steht dein Haus, reich, wie ein Edelsitz,
Von schönem Stammholz ist es neu gezimmert
Und nach dem Richtmaß ordentlich gefügt,
Von vielen Fenstern glänzt es wohnlich, hell,
Mit bunten Wappenschildern ist's bemalt,
Und weisen Sprüchen, die der Wandersmann
Verweilend liest und ihren Sinn bewundert.

Stauffacher. Wohl steht das Haus gezimmert und gefügt,
Doch ach – es wankt der Grund, auf den wir bauten.

Gertrud. Mein Werner sage, wie verstehst du das?

Stauffacher. Vor dieser Linde saß ich jüngst wie heut,
Das schön Vollbrachte freudig überdenkend,
Da kam daher von Küßnacht, seiner Burg,
Der Vogt mit seinen Reisigen geritten.
Vor diesem Hause hielt er wundernd an,
Doch ich erhub mich schnell, und unterwürfig
Wie sich's gebührt, trat ich dem Herrn entgegen,
Der uns des Kaisers richterliche Macht
Vorstellt im Lande. Wessen ist dies Haus?
Fragt' er bösmeinend, denn er wusst es wohl.
Doch schnell besonnen ich entgegn' ihm so:
Dies Haus, Herr Vogt, ist meines Herrn des Kaisers,
Und Eures und mein Lehen – da versetzt er:
»Ich bin Regent im Land an Kaisers statt,
Und will nicht, dass der Bauer Häuser baue
Auf seine eigne Hand, und also frei
Hinleb, als ob er Herr wär in dem Lande,

Ich werd mich unterstehn, Euch das zu wehren.«
Dies sagend ritt er trutziglich von dannen,
Ich aber blieb mit kummervoller Seele,
Das Wort bedenkend, das der Böse sprach.

Gertrud. Mein lieber Herr und Ehewirt! Magst du
Ein redlich Wort von deinem Weib vernehmen?
Des edeln Ibergs Tochter rühm ich mich,
Des viel erfahrnen Manns. Wir Schwestern saßen,
Die Wolle spinnend, in den langen Nächten,
Wenn bei dem Vater sich des Volkes Häupter
Versammelten, die Pergamente lasen
Der alten Kaiser, und des Landes Wohl
Bedachten in vernünftigem Gespräch.
Aufmerkend hört ich da manch kluges Wort,
Was der Verständ'ge denkt, der Gute wünscht,
Und still im Herzen hab ich mir's bewahrt.
So höre denn und acht auf meine Rede,
Denn was dich presste, sieh das wusst ich längst.
– Dir grollt der Landvogt, möchte gern dir schaden,
Denn du bist ihm ein Hindernis, dass sich
Der Schwyzer nicht dem neuen Fürstenhaus
Will unterwerfen, sondern treu und fest
Beim Reich beharren, wie die würdigen
Altvordern es gehalten und getan. –
Ist's nicht so Werner? Sag es, wenn ich lüge!

Stauffacher. So ist's, das ist des Geßlers Groll auf mich.

Gertrud. Er ist dir neidisch, weil du glücklich wohnst,
Ein freier Mann auf deinem eignen Erb',
– Denn Er hat keins. Vom Kaiser selbst und Reich
Trägst du dies Haus zu Lehn, du darfst es zeigen,
So gut der Reichsfürst seine Länder zeigt,
Denn über dir erkennst du keinen Herrn
Als nur den Höchsten in der Christenheit –

werd mich unterstehn werde dafür sorgen

zu wehren zu verwehren

trutziglich hochmütig

Ehewirt Ehemann

Ibergs Konrad von Iberg war ab 1312 Landammann (vgl. S. 147) des Ortes Iberg im Kanton Schwyz

Pergamente Freiheitsbriefe, die den Schweizer Kantonen ihre Freiheitsrechte verbürgten

presste bedrückte

Altvordern Vorfahren

den Höchsten den Kaiser des Heiligen Römischen Reiches

ein jüngrer Sohn nur nicht der Erbe des väterlichen Besitzes

scheelen schielenden, neidischen

gebüßt ausgelebt, gestillt

Er ist ein jüngrer Sohn nur seines Hauses,
Nichts nennt er sein als seinen Rittermantel,
Drum sieht er jedes Biedermannes Glück
Mit scheelen Augen gift'ger Missgunst an,
Dir hat er längst den Untergang geschworen –
Noch stehst du unversehrt – Willst du erwarten,
Bis er die böse Lust an dir gebüßt?
Der kluge Mann baut vor.

Stauffacher. Was ist zu tun!

Gertrud *tritt näher.*

Ob Über, wegen

Urner Land Kanton Uri

schafft treibt

Landenberger Vogt auf der Burg Landenberg im Kanton Unterwalden

still heimlich

möcht erledigen könnt entledigen

acht ich wohl bin ich überzeugt

So höre meinen Rat! Du weißt, wie hier
Zu Schwyz sich alle Redlichen beklagen
Ob dieses Landvogts Geiz und Wüterei.
So zweifle nicht, dass sie dort drüben auch
In Unterwalden und im Urner Land
Des Dranges müd sind und des harten Jochs –
Denn wie der Geßler hier, so schafft es frech
Der Landenberger drüben überm See –
Es kommt kein Fischerkahn zu uns herüber,
Der nicht ein neues Unheil und Gewalt-
Beginnen von den Vögten uns verkündet.
Drum tät es gut, dass eurer etliche,
Die's redlich meinen, still zu Rate gingen,
Wie man des Drucks sich möcht erledigen,
So acht ich wohl, Gott würd euch nicht verlassen,
Und der gerechten Sache gnädig sein –
Hast du in Uri keinen Gastfreund, sprich,
Dem du dein Herz magst redlich offenbaren?

Die mir geheim sind Die mir nahestehen, die mir vertraut sind

Stauffacher. Der wackern Männer kenn ich viele dort
Und angesehen große Herrenleute,
Die mir geheim sind und gar wohl vertraut.
Er steht auf.
Frau, welchen Sturm gefährlicher Gedanken

Weckst du mir in der stillen Brust! Mein Innerstes
Kehrst du ans Licht des Tages mir entgegen,
Und was ich mir zu denken still verbot,
Du sprichst's mit leichter Zunge kecklich aus.
– Hast du auch wohl bedacht, was du mir rätst?
Die wilde Zwietracht und den Klang der Waffen
Rufst du in dieses friedgewohnte Tal –
Wir wagten es, ein schwaches Volk der Hirten,
In Kampf zu gehen mit dem Herrn der Welt?
Der gute Schein nur ist's, worauf sie warten,
Um loszulassen auf dies arme Land
Die wilden Horden ihrer Kriegesmacht,
Darin zu schalten mit des Siegers Rechten
Und unterm Schein gerechter Züchtigung
Die alten Freiheitsbriefe zu vertilgen.

Gertrud. Ihr seid auch Männer, wisset eure Axt
Zu führen, und dem Mutigen hilft Gott!

Stauffacher.
O Weib! Ein furchtbar wütend Schrecknis ist
Der Krieg, die Herde schlägt er und den Hirten.

Gertrud. Ertragen muss man, was der Himmel sendet,
Unbilliges erträgt kein edles Herz.

Stauffacher. Dies Haus erfreut dich, das wir neu erbauten.
Der Krieg, der ungeheure, brennt es nieder.

Gertrud. Wüsst ich mein Herz an zeitlich Gut gefesselt,
Den Brand wärf ich hinein mit eigner Hand.

Stauffacher.
Du glaubst an Menschlichkeit! Es schont der Krieg
Auch nicht das zarte Kindlein in der Wiege.

Gertrud. Die Unschuld hat im Himmel einen Freund!
– Sieh vorwärts, Werner, und nicht hinter dich.

Stauffacher. Wir Männer können tapfer fechtend sterben,
Welch Schicksal aber wird das eure sein?

kecklich keck, mutig

Axt Streitaxt

die Herde schlägt er und den Hirten vgl. Markus 14,27 und Matthäus 26,31

Unbilliges Ungerechtes

zeitlich Gut vergänglichen Besitz

Gertrud. Die letzte Wahl steht auch dem Schwächsten offen,
Ein Sprung von dieser Brücke macht mich frei.

Stauffacher *stürzt in ihre Arme.*
Wer solch ein Herz an seinen Busen drückt,
Der kann für Herd und Hof mit Freuden fechten,
Und keines Königs Heermacht fürchtet er –
Nach Uri fahr ich steh'nden Fußes gleich,
Dort lebt ein Gastfreund mir, Herr Walther Fürst,
Der über diese Zeiten denkt wie ich.
Auch find ich dort den edeln Bannerherrn
Von Attinghaus – obgleich von hohem Stamm
Liebt er das Volk und ehrt die alten Sitten.
Mit ihnen beiden pfleg ich Rats, wie man
Der Landesfeinde mutig sich erwehrt –
Leb wohl – und weil ich fern bin, führe du
Mit klugem Sinn das Regiment des Hauses –
Dem Pilger, der zum Gotteshause wallt,
Dem frommen Mönch, der für sein Kloster sammelt,
Gib reichlich und entlass ihn wohl gepflegt.
Stauffachers Haus verbirgt sich nicht. Zuäußerst
Am offnen Heerweg steht's, ein wirtlich Dach
Für alle Wandrer, die des Weges fahren.

seinen Busen seine Brust
steh'nden Fußes unverzüglich
Bannerherrn vgl. S. 39 bzw. 147
pfleg ich Rats halte ich Rat
weil während
das Regiment die Herrschaft
wallt eine Wallfahrt unternimmt
entlass verabschiede
Heerweg Heeresstraße

Indem sie nach dem Hintergrund abgehen, tritt
Wilhelm Tell *mit* **Baumgarten** *vorn auf die Szene.*

Tell *zu Baumgarten.*
Ihr habt jetzt Meiner weiter nicht vonnöten,
Zu jenem Hause gehet ein, dort wohnt
Der Stauffacher, ein Vater der Bedrängten.
– Doch sieh, da ist er selber – Folgt mir, kommt!
Gehen auf ihn zu, die Szene verwandelt sich.

Dritte Szene

Öffentlicher Platz bei Altdorf.
Auf einer Anhöhe im Hintergrund sieht man eine Veste bauen, welche schon so weit gediehen, dass sich die Form des Ganzen darstellt. Die hintere Seite ist fertig, an der vordern wird eben gebaut, das Gerüste steht noch, an welchem die Werkleute auf und nieder steigen, auf dem höchsten Dach hängt der Schieferdecker – Alles ist in Bewegung und Arbeit.

Fronvogt. Meister Steinmetz. Gesellen *und* **Handlanger.**

Fronvogt *mit dem Stabe, treibt die Arbeiter.*
Nicht lang gefeiert, frisch! Die Mauersteine
Herbei, den Kalk, den Mörtel zugefahren!
Wenn der Herr Landvogt kommt, dass er das Werk
Gewachsen sieht – Das schlendert wie die Schnecken.
Zu zwei Handlangern, welche tragen.
Heißt das geladen? Gleich das Doppelte!
Wie die Tagdiebe ihre Pflicht bestehlen!
Erster Gesell. Das ist doch hart, dass wir die Steine selbst
Zu unserm Twing und Kerker sollen fahren!
Fronvogt. Was murret ihr? Das ist ein schlechtes Volk,
Zu nichts anstellig als das Vieh zu melken,
Und faul herumzuschlendern auf den Bergen.
Alter Mann *ruht aus.*
Ich kann nicht mehr.
Fronvogt *schüttelt ihn.* Frisch Alter an die Arbeit!
Erster Gesell. Habt Ihr denn gar kein Eingeweid', dass Ihr
Den Greis, der kaum sich selber schleppen kann,
Zum harten Frondienst treibt?
Meister Steinmetz und **Gesellen.** 's ist himmelschreiend!
Fronvogt. Sorgt ihr für euch, ich tu was meines Amts.

Altdorf Ort im Kanton Uri

Veste Festung

Werkleute Handwerker

Schieferdecker Dachdecker

Fronvogt landesherrlicher Verwaltungsbeamter, der die Aufsicht über die Bauarbeiten führt

gefeiert geruht, pausiert

schlendert bewegt sich träge

bestehlen vernachlässigen

Twing Zwingburg, Festung (von mhd. ›twing‹: ›Zwang‹)

anstellig (schweiz.) imstande, zu gebrauchen

Eingeweid' Herz, Gefühl, Mitleid

Frondienst dem Lehnsherrn zu leistende Arbeit

Zweiter Gesell.
Fronvogt, wie wird die Veste denn sich nennen,
Die wir da baun?
Fronvogt. Zwing Uri soll sie heißen,
Denn unter dieses Joch wird man euch beugen.
Gesellen. Zwing Uri!
Fronvogt. Nun was gibt's dabei zu lachen?
Zweiter Gesell.
Mit diesem Häuslein wollt ihr Uri zwingen?
Erster Gesell.
Lass sehn, wie viel man solcher Maulwurfshaufen
Muss übernander setzen, bis ein Berg
Draus wird, wie der geringste nur in Uri!
Fronvogt geht nach dem Hintergrund.
Meister Steinmetz.
Den Hammer werf ich in den tiefsten See,
Der mir gedient bei diesem Fluchgebäude!

Tell *und* **Stauffacher** *kommen.*

Stauffacher. O hätt ich nie gelebt, um das zu schauen!
Tell. Hier ist nicht gut sein. Lasst uns weitergehn.
Stauffacher. Bin ich zu Uri, in der Freiheit Land?
Meister Steinmetz.
O Herr, wenn Ihr die Keller erst gesehn
Unter den Türmen! Ja wer die bewohnt,
Der wird den Hahn nicht fürder krähen hören!
Stauffacher. O Gott!
Steinmetz. Seht diese Flanken, diese Strebepfeiler,
Die stehn, wie für die Ewigkeit gebaut!
Tell. Was Hände bauten, können Hände stürzen.
Nach den Bergen zeigend.
Das Haus der Freiheit hat uns Gott gegründet.

zu Uri, in der Freiheit Land → Seite 147

fürder weiterhin

Flanken Wände

Strebepfeiler Stützpfeiler

Man hört eine Trommel, es kommen Leute, die einen Hut auf einer Stange tragen, ein Ausrufer folgt ihnen, Weiber und Kinder dringen tumultuarisch nach.

tumultuarisch wild lärmend

Erster Gesell. Was will die Trommel? Gebet Acht!
Meister Steinmetz. Was für
Ein Fasnachtsaufzug und was soll der Hut?
Ausrufer. In des Kaisers Namen! Höret!
Gesellen. Still doch! Höret!
Ausrufer. Ihr sehet diesen Hut, Männer von Uri!
Aufrichten wird man ihn auf hoher Säule,
Mitten in Altdorf, an dem höchsten Ort,
Und dieses ist des Landvogts Will und Meinung:
Dem Hut soll gleiche Ehre wie ihm selbst geschehn,
Man soll ihn mit gebognem Knie und mit
Entblößtem Haupt verehren – Daran will
Der König die Gehorsamen erkennen.
Verfallen ist mit seinem Leib und Gut
Dem Könige, wer das Gebot verachtet.

Säule Stange

gebognem gebeugtem

Das Volk lacht laut auf, die Trommel wird gerührt, sie gehen vorüber.

Erster Gesell. Welch neues Unerhörtes hat der Vogt
Sich ausgesonnen! Wir 'nen Hut verehren!
Sagt! Hat man je vernommen von dergleichen?
Meister Steinmetz.
Wir unsre Knie beugen einem Hut!
Treibt er sein Spiel mit ernsthaft würd'gen Leuten?
Erster Gesell.
Wär's noch die kaiserliche Kron! So ist's
Der Hut von Österreich, ich sah ihn hangen
Über dem Thron, wo man die Lehen gibt!
Meister Steinmetz.
Der Hut von Österreich! Gebt Acht, es ist
Ein Fallstrick, uns an Östreich zu verraten!

Der Hut von Österreich der Hut, der die habsburgische Macht versinnbildlicht

Thron, wo man die Lehen gibt die habsburgische Residenz in Stein bei Zürich, wo die Lehen verteilt wurden

Gesellen.

Kein Ehrenmann wird sich der Schmach bequemen.

Meister Steinmetz.

Abred' nehmen besprechen

Kommt, lasst uns mit den andern Abred' nehmen.

Sie gehen nach der Tiefe.

Tiefe Hintergrund der Bühne

Tell *zum Stauffacher.*

Ihr wisset nun Bescheid. Lebt wohl, Herr Werner!

Stauffacher.

Wo wollt Ihr hin? O eilt nicht so von dannen.

Tell. Mein Haus entbehrt des Vaters. Lebet wohl.

Stauffacher. Mir ist das Herz so voll, mit Euch zu reden.

Tell. Das schwere Herz wird nicht durch Worte leicht.

Stauffacher. Doch könnten Worte uns zu Taten führen.

Tell. Die einz'ge Tat ist jetzt Geduld und Schweigen.

unleidlich unerträglich

Stauffacher. Soll man ertragen, was unleidlich ist?

schnellen kurzentschlossenen, gewaltsam vorgehenden

Tell. Die schnellen Herrscher sind's, die kurz regieren.
– Wenn sich der Föhn erhebt aus seinen Schlünden,
Löscht man die Feuer aus, die Schiffe suchen
Eilends den Hafen, und der mächt'ge Geist
Geht ohne Schaden, spurlos, über die Erde.
Ein jeder lebe still bei sich daheim,
Dem Friedlichen gewährt man gern den Frieden.

Stauffacher. Meint Ihr?

Tell. Die Schlange sticht nicht ungereizt.
Sie werden endlich doch von selbst ermüden,
Wenn sie die Lande ruhig bleiben sehn.

Stauffacher. Wir könnten viel, wenn wir zusammenstünden.

Tell. Beim Schiffbruch hilft der Einzelne sich leichter.

gemeine allgemeine, gemeinsame

Stauffacher. So kalt verlasst Ihr die gemeine Sache?

Tell. Ein jeder zählt nur sicher auf sich selbst.

Stauffacher.

Verbunden werden auch die Schwachen mächtig.

Tell. Der Starke ist am mächtigsten allein.

Stauffacher. So kann das Vaterland auf Euch nicht zählen,
Wenn es verzweiflungsvoll zur Notwehr greift?

Tell *gibt ihm die Hand.*
Der Tell holt ein verlornes Lamm vom Abgrund,
Und sollte seinen Freunden sich entziehen?
Doch was ihr tut, lasst mich aus eurem Rat,
Ich kann nicht lange prüfen oder wählen,
Bedürft ihr meiner zu bestimmter Tat,
Dann ruft den Tell, es soll an mir nicht fehlen.
Gehen ab zu verschiedenen Seiten. Ein plötzlicher Auflauf entsteht um das Gerüste.

lasst mich aus eurem Rat verzichtet auf mich bei eurer Versammlung

Meister Steinmetz *eilt hin.* Was gibt's?

Erster Gesell *kommt vor, rufend.*
Der Schieferdecker ist vom Dach gestürzt.

Bertha *mit* **Gefolge.**

Bertha *stürzt herein.*
Ist er zerschmettert? Rennet, rettet, helft –
Wenn Hilfe möglich, rettet, hier ist Gold –
Wirft ihr Geschmeide unter das Volk.

Meister. Mit eurem Golde – Alles ist euch feil
Um Gold, wenn ihr den Vater von den Kindern
Gerissen und den Mann von seinem Weibe,
Und Jammer habt gebracht über die Welt,
Denkt ihr's mit Golde zu vergüten – Geht!
Wir waren frohe Menschen eh ihr kamt,
Mit euch ist die Verzweiflung eingezogen.

Geschmeide Schmuck

feil käuflich

zu vergüten wiedergutzumachen

Bertha *zu dem Fronvogt, der zurückkommt.*
Lebt er? *Fronvogt gibt ein Zeichen des Gegenteils.*
O unglücksel'ges Schloss, mit Flüchen
Erbaut, und Flüche werden dich bewohnen!
Geht ab.

Vierte Szene

Walther Fürsts Wohnung.

Walther Fürst *und* **Arnold vom Melchthal** *treten zugleich ein, von verschiedenen Seiten.*

Melchthal.
Herr Walther Fürst –
Walther Fürst. Wenn man uns überraschte!
Bleibt, wo Ihr seid. Wir sind umringt von Spähern.
Melchthal. Bringt Ihr mir nichts von Unterwalden? Nichts
Von meinem Vater? Nicht ertrag ich's länger,
Als ein Gefangner müßig hier zu liegen.
Was hab ich denn so Sträfliches getan,
Um mich gleich einem Mörder zu verbergen?
Dem frechen Buben, der die Ochsen mir,
Das trefflichste Gespann, vor meinen Augen
Weg wollte treiben auf des Vogts Geheiß,
Hab ich den Finger mit dem Stab gebrochen.

Buben Schurken, Bösewicht (auch, neutraler: Knecht, Knappe)

Walther Fürst. Ihr seid zu rasch. Der Bube war des Vogts,
Von Eurer Obrigkeit war er gesendet,
Ihr wart in Straf' gefallen, musstet Euch,
Wie schwer sie war, der Buße schweigend fügen.

war gehörte zu den Leuten

Melchthal. Ertragen sollt ich die leichtfert'ge Rede
Des Unverschämten: »Wenn der Bauer Brot
Wollt essen, mög er selbst am Pfluge ziehn!«
In die Seele schnitt mir's, als der Bub die Ochsen,
Die schönen Tiere, von dem Pfluge spannte,
Dumpf brüllten sie, als hätten sie Gefühl
Der Ungebühr, und stießen mit den Hörnern,
Da übernahm mich der gerechte Zorn,
Und meiner selbst nicht Herr, schlug ich den Boten.

als hätten sie Gefühl / Der Ungebühr als spürten sie, wie sehr hier Unrecht geschah

übernahm überkam

Walther Fürst. O kaum bezwingen wir das eigne Herz,
Wie soll die rasche Jugend sich bezähmen!
Melchthal. Mich jammert nur der Vater – Er bedarf
So sehr der Pflege, und sein Sohn ist fern.
Der Vogt ist ihm gehässig, weil er stets
Für Recht und Freiheit redlich hat gestritten.
Drum werden sie den alten Mann bedrängen,
Und niemand ist, der ihn vor Unglimpf schütze.
– Werde mit mir was will, ich muss hinüber.
Walther Fürst. Erwartet nur und fasst Euch in Geduld,
Bis Nachricht uns herüberkommt vom Walde.
– Ich höre klopfen, geht – Vielleicht ein Bote
Vom Landvogt – Geht hinein – Ihr seid in Uri
Nicht sicher vor des Landenbergers Arm,
Denn die Tyrannen reichen sich die Hände.
Melchthal. Sie lehren uns, was wir tun sollten.
Walther Fürst. Geht!
Ich ruf Euch wieder, wenn's hier sicher ist.
Melchthal geht hinein.
Der Unglückselige, ich darf ihm nicht
Gestehen, was mir Böses schwant – Wer klopft?
Sooft die Türe rauscht, erwart ich Unglück.
Verrat und Argwohn lauscht in allen Ecken,
Bis in das Innerste der Häuser dringen
Die Boten der Gewalt, bald tät es not,
Wir hätten Schloss und Riegel an den Türen.

Er öffnet und tritt erstaunt zurück,
da **Werner Stauffacher** *hereintritt.*

Was seh ich? Ihr, Herr Werner! Nun bei Gott!
Ein werter, teurer Gast – Kein bessrer Mann
Ist über diese Schwelle noch gegangen.

rasche rasch, unbedacht handelnde

Mich jammert nur der Vater Mich quält nur die Lage meines Vaters

Unglimpf Misshandlung, Schmähung, Verunglimpfung

Walde der Kernwald, der Unterwalden (›im Wald gelegen‹) in die Gebiete ›Ob dem Wald‹ und ›Nid dem Wald‹ (schweiz.: oberhalb bzw. unterhalb des Waldes) unterteilt

rauscht gemeint ist das Klopfgeräusch

Seid hoch willkommen unter meinem Dach!
Was führt Euch her? Was sucht Ihr hier in Uri?

Stauffacher *ihm die Hand reichend.*
Die alten Zeiten und die alte Schweiz.

Walther Fürst.
Die bringt Ihr mit Euch – Sieh, mir wird so wohl,
Warm geht das Herz mir auf bei Eurem Anblick.
– Setzt Euch, Herr Werner – Wie verließet Ihr
Frau Gertrud, Eure angenehme Wirtin,
Des weisen Ibergs hochverständ'ge Tochter?
Von allen Wandrern aus dem deutschen Land,
Die über Meinrads Zell nach Welschland fahren,
Rühmt jeder Euer gastlich Haus – Doch sagt,
Kommt Ihr soeben frisch von Flüelen her,
Und habt Euch nirgend sonst noch umgesehn,
Eh Ihr den Fuß gesetzt auf diese Schwelle?

Meinrads Zell → Seite 147

Welschland Italien

Flüelen Ort am Urner See im Kanton Uri

Stauffacher *setzt sich.*
Wohl ein erstaunlich neues Werk hab ich
Bereiten sehen, das mich nicht erfreute.

Walther Fürst.
O Freund, da habt Ihr's gleich mit Einem Blicke!

Stauffacher. Ein solches ist in Uri nie gewesen –
Seit Menschendenken war kein Twinghof hier,
Und fest war keine Wohnung als das Grab.

Walther Fürst.
Ein Grab der Freiheit ist's. Ihr nennt's mit Namen.

Menschendenken Menschengedenken

Twinghof Zwingburg

Stauffacher.
Herr Walther Fürst, ich will Euch nicht verhalten,
Nicht eine müß'ge Neugier führt mich her,
Mich drücken schwere Sorgen – Drangsal hab ich
Zu Haus verlassen, Drangsal find ich hier.
Denn ganz unleidlich ist's, was wir erdulden,
Und dieses Dranges ist kein Ziel zu sehn.

verhalten aufhalten

Drangsal Elend, Notlage, Unterdrückung

Ziel Ende

Frei war der Schweizer von uralters her,
Wir sind's gewohnt, dass man uns gut begegnet,
Ein solches war im Lande nie erlebt,
Solang ein Hirte trieb auf diesen Bergen.

Walther Fürst. Ja, es ist ohne Beispiel wie sie's treiben!
Auch unser edler Herr von Attinghausen,
Der noch die alten Zeiten hat gesehn,
Meint selber, es sei nicht mehr zu ertragen.

Stauffacher. Auch drüben unterm Wald geht Schweres vor,
Und blutig wird's gebüßt – der Wolfenschießen,
Des Kaisers Vogt, der auf dem Roßberg hauste,
Gelüsten trug er nach verbotner Frucht,
Baumgartens Weib, der haushält zu Alzellen,
Wollt er zu frecher Ungebühr missbrauchen,
Und mit der Axt hat ihn der Mann erschlagen.

der gemeint ist Baumgarten

haushält wohnt

Walther Fürst. O die Gerichte Gottes sind gerecht!
– Baumgarten sagt Ihr? Ein bescheidner Mann!
Er ist gerettet doch und wohl geborgen?

bescheidner kluger, verständiger

Stauffacher. Euer Eidam hat ihn übern See geflüchtet,
Bei mir zu Steinen halt ich ihn verborgen –
– Noch Greulichers hat mir derselbe Mann
Berichtet, was zu Sarnen ist geschehn,
Das Herz muss jedem Biedermanne bluten.

Eidam Schwiegersohn (gemeint ist Tell)

geflüchtet in Sicherheit gebracht

Walther Fürst *aufmerksam.*
Sagt an, was ist's?

Sarnen Ort im Kanton Unterwalden

Stauffacher. Im Melchthal, da wo man
Eintritt bei Kerns, wohnt ein gerechter Mann,
Sie nennen ihn den Heinrich von der Halden,
Und seine Stimm' gilt was in der Gemeinde.

Kerns Ort im Kanton Unterwalden, in der Nähe von Sarnen

Walther Fürst.
Wer kennt ihn nicht! Was ist's mit ihm? Vollendet!

Stauffacher. Der Landenberger büßte seinen Sohn
Um kleinen Fehlers willen, ließ die Ochsen,

büßte (be-)strafte

Das beste Paar, ihm aus dem Pfluge spannen,
Da schlug der Knab den Knecht und wurde flüchtig.
Walther Fürst *in höchster Spannung.*
Der Vater aber – Sagt, wie steht's um den?
fodern herbeirufen
Stauffacher. Den Vater lässt der Landenberger fodern,
Zur Stelle schaffen soll er ihm den Sohn,
Und da der alte Mann mit Wahrheit schwört,
Er habe von dem Flüchtling keine Kunde,
Da lässt der Vogt die Folterknechte kommen –
Walther Fürst
springt auf und will ihn auf die andre Seite führen.
O still, nichts mehr!
Stauffacher *mit steigendem Ton.*
»Ist mir der Sohn entgangen,
So hab ich d i c h « – Lässt ihn zu Boden werfen,
Den spitz'gen Stahl ihm in die Augen bohren –
Walther Fürst.
Barmherz'ger Himmel!
Melchthal *stürzt heraus.* In die Augen, sagt Ihr?
Stauffacher *erstaunt zum Walther Fürst.*
Wer ist der Jüngling?
Melchthal *fasst ihn mit krampfhafter Heftigkeit.*
In die Augen? Redet.
Walther Fürst. O der Bejammernswürdige!
Stauffacher. Wer ist's?
Da Walther Fürst ihm ein Zeichen gibt.
Der Sohn ist's? Allgerechter Gott!
Melchthal. Und ich
Muss ferne sein! – In seine beiden Augen?
Walther Fürst. Bezwinget Euch, ertragt es wie ein Mann!
Melchthal.
Um m e i n e r Schuld, um m e i n e s Frevels willen!
– Blind also? Wirklich b l i n d, und g a n z geblendet?

Stauffacher.
Ich sagt's. Der Quell des Seh'ns ist ausgeflossen,
Das Licht der Sonne schaut er niemals wieder.

Walther Fürst.
Schont seines Schmerzens!

Melchthal. Niemals! Niemals wieder!
Er drückt die Hand vor die Augen und schweigt einige Momente, dann wendet er sich von dem einen zu dem andern, und spricht mit sanfter, von Tränen erstickter Stimme.
O, eine edle Himmelsgabe ist
Das Licht des Auges – Alle Wesen leben
Vom Lichte, jedes glückliche Geschöpf –
Die Pflanze selbst kehrt freudig sich zum Lichte.
Und er muss sitzen, fühlend, in der Nacht,
Im ewig Finstern – ihn erquickt nicht mehr
Der Matten warmes Grün, der Blumen Schmelz,
Die roten Firnen kann er nicht mehr schauen –
Sterben ist nichts – doch leben und nicht sehen,
Das ist ein Unglück – Warum seht ihr mich
So jammernd an? Ich hab zwei frische Augen,
Und kann dem blinden Vater keines geben,
Nicht einen Schimmer von dem Meer des Lichts,
Das glanzvoll, blendend, mir ins Auge dringt.

Schmelz Glanz, (Farb-)Schimmer

roten Firnen Gipfel der schneebedeckten Berge, die im Morgen- und Abendrot rötlich schimmern

Stauffacher.
Ach, ich muss Euren Jammer noch vergrößern,
Statt ihn zu heilen – Er bedarf noch mehr!
Denn alles hat der Landvogt ihm geraubt,
Nichts hat er ihm gelassen als den Stab,
Um nackt und blind von Tür zu Tür zu wandern.

Melchthal. Nichts als den Stab dem augenlosen Greis!
Alles geraubt, und auch das Licht der Sonne,
Des Ärmsten allgemeines Gut – Jetzt rede
Mir keiner mehr von Bleiben, von Verbergen!

Was für ein feiger Elender bin ich,
Dass ich auf meine Sicherheit gedacht,
Und nicht auf Deine – dein geliebtes Haupt
Als Pfand gelassen in des Wütrichs Händen!
Feigherz'ge Vorsicht fahre hin – Auf nichts
Als blutige Vergeltung will ich denken,
Hinüber will ich – Keiner soll mich halten –
Des Vaters Auge von dem Landvogt fodern –
Aus allen seinen Reisigen heraus
Will ich ihn finden – Nichts liegt mir am Leben,
Wenn ich den heißen ungeheuren Schmerz
In seinem Lebensblute kühle.
Er will gehen.

Walther Fürst. Bleibt!
Was könnt Ihr gegen ihn? Er sitzt zu Sarnen
Auf seiner hohen Herrenburg und spottet
Ohnmächt'gen Zorns in seiner sichern Veste.

Melchthal. Und wohnt' er droben auf dem Eispalast
Des Schreckhorns oder höher, wo die Jungfrau
Seit Ewigkeit verschleiert sitzt – Ich mache
Mir Bahn zu ihm, mit zwanzig Jünglingen
Gesinnt wie ich, zerbrech ich seine Veste.
Und wenn mir niemand folgt, und wenn ihr alle
Für eure Hütten bang und eure Herden,
Euch dem Tyrannenjoche beugt – die Hirten
Will ich zusammenrufen im Gebirg,
Dort unterm freien Himmelsdache, wo
Der Sinn noch frisch ist und das Herz gesund,
Das ungeheuer Grässliche erzählen.

Schreckhorns … Jungfrau »Schreckhorn«, »Kleines Schreckhorn« und »Jungfrau« sind Berggipfel im Kanton Bern

Für Um

Stauffacher *zu Walther Fürst.*
Es ist auf seinem Gipfel – wollen wir
Erwarten, bis das Äußerste –

Melchthal. Welch Äußerstes

Ist noch zu fürchten, wenn der Stern des Auges
In seiner Höhle nicht mehr sicher ist?
– Sind wir denn wehrlos? Wozu lernten wir
Die Armbrust spannen und die schwere Wucht
Der Streitaxt schwingen? Jedem Wesen ward
Ein Notgewehr in der Verzweiflungsangst,
Es stellt sich der erschöpfte Hirsch und zeigt
Der Meute sein gefürchtetes Geweih,
Die Gemse reißt den Jäger in den Abgrund –
Der Pflugstier selbst, der sanfte Hausgenoss
Des Menschen, der die ungeheure Kraft
Des Halses duldsam unters Joch gebogen,
Springt auf, gereizt, wetzt sein gewaltig Horn,
Und schleudert seinen Feind den Wolken zu.

Walther Fürst.
Wenn die drei Lande dächten wie wir drei,
So möchten wir vielleicht etwas vermögen.

Stauffacher. Wenn Uri ruft, wenn Unterwalden hilft,
Der Schwyzer wird die alten Bünde ehren.

Melchthal.
Groß ist in Unterwalden meine Freundschaft,
Und jeder wagt mit Freuden Leib und Blut,
Wenn er am andern einen Rücken hat
Und Schirm – O fromme Väter dieses Landes!
Ich stehe nur ein Jüngling zwischen euch,
Den Vielerfahrnen – meine Stimme muss
Bescheiden schweigen in der Landsgemeinde.
Nicht weil ich jung bin und nicht viel erlebte,
Verachtet meinen Rat und meine Rede,
Nicht lüstern jugendliches Blut, mich treibt
Des höchsten Jammers schmerzliche Gewalt,
Was auch den Stein des Felsen muss erbarmen.
Ihr selbst seid Väter, Häupter eines Hauses,

Notgewehr Waffe zur Selbstverteidigung

möchten … vermögen könnten … ausrichten

Rücken Rückhalt, Stütze

Schirm Schutz

Landsgemeinde Bürgerversammlung eines Kantons, in der über wichtige Fragen beraten und abgestimmt wird

lüstern wildes, waghalsiges

Und wünscht euch einen tugendhaften Sohn,
Der eures Hauptes heil'ge Locken ehre,
Und euch den Stern des Auges fromm bewache.
O weil ihr selbst an eurem Leib und Gut
Noch nichts erlitten, eure Augen sich
Noch frisch und hell in ihren Kreisen regen,
So sei euch darum unsre Not nicht fremd.
Auch über euch hängt das Tyrannenschwert,
Ihr habt das Land von Östreich abgewendet,
Kein anderes war meines Vaters Unrecht,
Ihr seid in gleicher Mitschuld und Verdammnis.

Stauffacher *zu Walther Fürst.*
Beschließet Ihr, ich bin bereit zu folgen.

Walther Fürst. Wir wollen hören, was die edeln Herrn
Von Sillinen, von Attinghausen raten –
Ihr Name, denk ich, wird uns Freunde werben.

Sillinen Silenen; Ort im Kanton Uri

Melchthal. Wo ist ein Name in dem Waldgebirg
Ehrwürdiger als Eurer und der Eure?
An solcher Namen echte Währung glaubt
Das Volk, sie haben guten Klang im Lande.
Ihr habt ein reiches Erb von Vätertugend,
Und habt es selber reich vermehrt – Was braucht's
Des Edelmanns? Lasst's uns allein vollenden.
Wären wir doch allein im Land! Ich meine,
Wir wollten uns schon selbst zu schirmen wissen.

Stauffacher. Die Edeln drängt nicht gleiche Not mit uns,
Der Strom, der in den Niederungen wütet,
Bis jetzt hat er die Höhn noch nicht erreicht –
Doch ihre Hülfe wird uns nicht entstehn,
Wenn sie das Land in Waffen erst erblicken.

entstehn fehlen, mangeln

Walther Fürst.
Wäre ein Obmann zwischen uns und Östreich,
So möchte Recht entscheiden und Gesetz,

Obmann Schiedsrichter, Vermittler

Doch der uns unterdrückt, ist unser Kaiser
Und höchster Richter – so muss Gott uns helfen
Durch unsern Arm – erforschet Ihr die Männer
Von Schwyz, ich will in Uri Freunde werben.
Wen aber senden wir nach Unterwalden –

Melchthal. Mich sendet hin – wem läg es näher an –

Walther Fürst.
Ich geb's nicht zu, Ihr seid mein Gast, ich muss
Für Eure Sicherheit gewähren!

Melchthal. Lasst mich!
Die Schliche kenn ich und die Felsensteige,
Auch Freunde find ich g'nug, die mich dem Feind
Verhehlen und ein Obdach gern gewähren.

Stauffacher.
Lasst ihn mit Gott hinübergehn. Dort drüben
Ist kein Verräter – so verabscheut ist
Die Tyrannei, dass sie kein Werkzeug findet.
Auch der Alzeller soll uns nid dem Wald
Genossen werben und das Land erregen.

Melchthal. Wie bringen wir uns sichre Kunde zu,
Dass wir den Argwohn der Tyrannen täuschen?

Stauffacher.
Wir könnten uns zu Brunnen oder Treib
Versammeln, wo die Kaufmannsschiffe landen.

Walther Fürst.
So offen dürfen wir das Werk nicht treiben.
– Hört meine Meinung. Links am See, wenn man
Nach Brunnen fährt, dem Mythenstein grad über,
Liegt eine Matte heimlich im Gehölz,
Das Rütli heißt sie bei dem Volk der Hirten,
Weil dort die Waldung ausgereutet ward.
Dort ist's, wo unsre Landmark und die Eure
Zu Melchthal.

Kaiser historisch nicht ganz korrekt: Albrecht I. von Habsburg war ab 1298 römisch-deutscher König, wurde aber nie vom Papst zum Kaiser des Reichs gekrönt.

geb's lasse es

gewähren einstehen, sorgen

Schliche Schleichwege

der Alzeller Baumgarten

nid dem Wald auch: Nidwalden; der nördlich des Kernwalds gelegene Teil des Kantons Unterwalden (vgl. S. 27)

Brunnen … Treib Orte an den Ufern des Vierwaldstätter Sees; Brunnen liegt in Schwyz, Treib in Unterwalden

Mythenstein vgl. S. 9

über gegenüber

heimlich verborgen

ausgereutet gerodet

Landmark Grenze

Zusammengrenzen, und in kurzer Fahrt
Zu Stauffacher.
Trägt Euch der leichte Kahn von Schwyz herüber.
Auf öden Pfaden können wir dahin
Bei Nachtzeit wandern und uns still beraten.
Dahin mag jeder zehn vertraute Männer
Mitbringen, die herzeinig sind mit uns,
So können wir gemeinsam das Gemeine
Besprechen und mit Gott es frisch beschließen.

öden einsamen

das Gemeine das gemeinsame Anliegen bzw. Vorhaben

Stauffacher.
So sei's. Jetzt reicht mir Eure biedre Rechte,
Reicht Ihr die Eure her, und so wie wir
Drei Männer jetzo, unter uns, die Hände
Zusammenflechten, redlich, ohne Falsch,
So wollen wir Drei Länder auch, zu Schutz
Und Trutz, zusammenstehn auf Tod und Leben.

biedre ehrliche, rechtschaffene, vertrauenswürdige (vgl. S. 11)

Trutz selbstbewusstem Widerstand

Walther Fürst und Melchthal.
Auf Tod und Leben!
Sie halten die Hände noch einige Pausen lang zusammengeflochten und schweigen.

Pausen Momente

Melchthal. Blinder alter Vater!
Du kannst den Tag der Freiheit nicht mehr schauen,
Du sollst ihn hören – Wenn von Alp zu Alp
Die Feuerzeichen flammend sich erheben,
Die festen Schlösser der Tyrannen fallen,
In deine Hütte soll der Schweizer wallen,
Zu deinem Ohr die Freudenkunde tragen,
Und hell in deiner Nacht soll es dir tagen.
Sie gehen auseinander.

wallen wallfahren

Zweiter Aufzug

Erste Szene

Edelhof des Freiherrn von Attinghausen.
Ein gotischer Saal mit Wappenschildern und Helmen verziert.
Der **Freiherr** *ein Greis von fünfundachtzig Jahren, von hoher edler Statur, an einem Stabe worauf ein Gemsenhorn, und in ein Pelzwams gekleidet.* **Kuoni** *und noch* **sechs Knechte** *stehen um ihn her mit Rechen und Sensen –* **Ulrich von Rudenz** *tritt ein in Ritterkleidung.*

Pelzwams westenartige Jacke aus Pelzwerk

Rudenz. Hier bin ich Oheim – Was ist Euer Wille?

Oheim Onkel

Attinghausen.
Erlaubt, dass ich nach altem Hausgebrauch
Den Frühtrunk erst mit meinen Knechten teile.
Er trinkt aus einem Becher, der dann in der Reihe herumgeht.
Sonst war ich selber mit in Feld und Wald,
Mit meinem Auge ihren Fleiß regierend,
Wie sie mein Banner führte in der Schlacht,
Jetzt kann ich nichts mehr als den Schaffner machen,
Und kommt die warme Sonne nicht zu mir,
Ich kann sie nicht mehr suchen auf den Bergen.
Und so in enger stets und engerm Kreis,
Beweg ich mich dem engesten und letzten,
Wo alles Leben stillsteht, langsam zu,
Mein Schatte bin ich nur, bald nur mein Name.

Banner Fahne mit Hoheitszeichen, Standarte (vgl. auch S. 39 bzw. 147)

Schaffner Verwalter, Aufseher

Schatte Schatten

Kuoni *zu Rudenz mit dem Becher.*
Ich bring's Euch, Junker.
Da Rudenz zaudert den Becher zu nehmen.
Trinket frisch! Es geht
Aus Einem Becher und aus Einem Herzen.

Junker Anrede eines adligen Gutsbesitzers

Attinghausen. Geht Kinder, und wenn's Feierabend ist,
Dann reden wir auch von des Lands Geschäften.
Knechte gehen ab.

Attinghausen *und* **Rudenz.**

Attinghausen. Ich sehe dich gegürtet und gerüstet,
Du willst nach Altdorf in die Herrenburg?
Rudenz. Ja Oheim, und ich darf nicht länger säumen –
Attinghausen *setzt sich.*
Hast du's so eilig? Wie? Ist deiner Jugend
Die Zeit so karg gemessen, dass du sie
An deinem alten Oheim musst ersparen?
Rudenz. Ich sehe, dass Ihr meiner nicht bedürft,
Ich bin ein Fremdling nur in diesem Hause.
Attinghausen *hat ihn lange mit den Augen gemustert.*
Ja leider bist du's. Leider ist die Heimat
Zur Fremde dir geworden! – Uly! Uly!
Ich kenne dich nicht mehr. In Seide prangst du,
Die Pfauenfeder trägst du stolz zur Schau,
Und schlägst den Purpurmantel um die Schultern,
Den Landmann blickst du mit Verachtung an,
Und schämst dich seiner traulichen Begrüßung.
Rudenz. Die Ehr', die ihm gebührt, geb ich ihm gern,
Das Recht, das er sich nimmt, verweigr' ich ihm.
Attinghausen.
Das ganze Land liegt unterm schweren Zorn
Des Königs – Jedes Biedermannes Herz
Ist kummervoll ob der tyrannischen Gewalt
Die wir erdulden – Dich allein rührt nicht
Der allgemeine Schmerz – Dich siehet man
Abtrünnig von den Deinen auf der Seite
Des Landesfeindes stehen, unsrer Not

Herrenburg Residenz des Landvogts

säumen warten, zögern

ersparen einsparen

Pfauenfeder Zeichen des österreichischen Adels

Purpurmantel Tracht des österreichischen Adels, insbesondere der Habsburger Herzöge

Landmann Bauern

traulichen vertrauten

ob wegen

Hohnsprechend nach der leichten Freude jagen,
Und buhlen um die Fürstengunst, indes
Dein Vaterland von schwerer Geißel blutet.

Rudenz.
Das Land ist schwer bedrängt – Warum mein Oheim?
Wer ist's, der es gestürzt in diese Not?
Es kostete ein einzig leichtes Wort,
Um augenblicks des Dranges los zu sein,
Und einen gnäd'gen Kaiser zu gewinnen.
Weh ihnen, die dem Volk die Augen halten,
Dass es dem wahren Besten widerstrebt.
Um eignen Vorteils willen hindern sie,
Dass die Waldstätte nicht zu Östreich schwören,
Wie ringsum alle Lande doch getan.
Wohl tut es ihnen, auf der Herrenbank
Zu sitzen mit dem Edelmann – den Kaiser
Will man zum Herrn, um keinen Herrn zu haben.

Attinghausen. Muss ich das hören und aus deinem Munde!

Rudenz. Ihr habt mich aufgefodert, lasst mich enden.
– Welche Person ist's, Oheim, die Ihr selbst
Hier spielt? Habt Ihr nicht höhern Stolz, als hier
Landammann oder Bannerherr zu sein
Und neben diesen Hirten zu regieren?
Wie? Ist's nicht eine rühmlichere Wahl,
Zu huldigen dem königlichen Herrn,
Sich an sein glänzend Lager anzuschließen,
Als Eurer eignen Knechte Pair zu sein,
Und zu Gericht zu sitzen mit dem Bauer?

Attinghausen. Ach Uly! Uly! Ich erkenne sie
Die Stimme der Verführung! Sie ergriff
Dein offnes Ohr, sie hat dein Herz vergiftet.

Rudenz. Ja ich verberg es nicht – in tiefer Seele
Schmerzt mich der Spott der Fremdlinge, die uns

buhlen werben

Geißel Knute, Peitsche, hier: Unterdrückung

augenblicks augenblicklich

Dranges Bedrängnis, Not

die Augen halten die Augen zuhalten

die Waldstätte die Kantone Uri, Schwyz und Unterwalden; Luzern war bereits seit 1291 unter österreichischer Herrschaft.

Herrenbank Bank der Adligen bei Gerichtsverhandlungen, bei denen sie als Beisitzer ein Stimmrecht hatten

Person Rolle

Landammann oder Bannerherr → Seite 147

Pair (frz.) Gleichgestellter, Ebenbürtiger

Baurenadel ›Bauernadel‹, abwertend für ›Landadel‹

bei gemeinem Tagewerk bei gewöhnlicher tagtäglicher Arbeit

Lenz Frühling; die ›Blütezeit‹ des Lebens

Kriegstrommete Kriegstrompete

Heroldsruf Nachricht des Ausrufers bzw. Boten des Lehnsherrn

ein Selbstherr ein eigener, autonomer Herr

Den Baurenadel schelten – Nicht ertrag ich's,
Indes die edle Jugend rings umher
Sich Ehre sammelt unter Habsburgs Fahnen,
Auf meinem Erb' hier müßig still zu liegen,
Und bei gemeinem Tagewerk den Lenz
Des Lebens zu verlieren – Anderswo
Geschehen Taten, eine Welt des Ruhms
Bewegt sich glänzend jenseits dieser Berge –
Mir rosten in der Halle Helm und Schild,
Der Kriegstrommete mutiges Getön,
Der Heroldsruf, der zum Turniere ladet,
Er dringt in diese Täler nicht herein,
Nichts als den Kuhreihn und der Herdeglocken
Einförmiges Geläut vernehm ich hier.

Attinghausen. Verblendeter, vom eiteln Glanz verführt!
Verachte dein Geburtsland! Schäme dich
Der uralt frommen Sitte deiner Väter!
Mit heißen Tränen wirst du dich dereinst
Heim sehnen nach den väterlichen Bergen,
Und dieses Herdenreihens Melodie,
Die du in stolzem Überdruss verschmähst,
Mit Schmerzenssehnsucht wird sie dich ergreifen,
Wenn sie dir anklingt auf der fremden Erde.
O mächtig ist der Trieb des Vaterlands!
Die fremde falsche Welt ist nicht für dich,
Dort an dem stolzen Kaiserhof bleibst du
Dir ewig fremd mit deinem treuen Herzen!
Die Welt, sie fodert andre Tugenden,
Als du in diesen Tälern dir erworben.
– Geh hin, verkaufe deine freie Seele,
Nimm Land zu Lehen, werd ein Fürstenknecht,
Da du ein Selbstherr sein kannst und ein Fürst
Auf deinem eignen Erb' und freien Boden.

Ach Uly! Uly! Bleibe bei den Deinen!
Geh nicht nach Altdorf – O verlass sie nicht
Die heil'ge Sache deines Vaterlands!
– Ich bin der Letzte meines Stamms. Mein Name
Endet mit mir. Da hängen Helm und Schild,
Die werden sie mir in das Grab mitgeben.
Und muss ich denken bei dem letzten Hauch,
Dass du mein brechend Auge nur erwartest,
Um hinzugehn vor diesen neuen Lehenhof,
Und meine edeln Güter, die ich frei
Von Gott empfing, von Östreich zu empfangen!

Rudenz. Vergebens widerstreben wir dem König,
Die Welt gehört ihm, wollen wir allein
Uns eigensinnig steifen und verstocken,
Die Länderkette ihm zu unterbrechen,
Die er gewaltig rings um uns gezogen?
S e i n sind die Märkte, die Gerichte, s e i n
Die Kaufmannsstraßen, und das Saumross selbst,
Das auf dem Gotthard ziehet, muss ihm zollen.
Von seinen Ländern wie mit einem Netz
Sind wir umgarnet rings und eingeschlossen.
– Wird uns das Reich beschützen? Kann es selbst
Sich schützen gegen Östreichs wachsende Gewalt?
Hilft Gott uns nicht, kein Kaiser kann uns helfen.
Was ist zu geben auf der Kaiser Wort,
Wenn sie in Geld- und Kriegesnot die Städte,
Die untern Schirm des Adlers sich geflüchtet,
Verpfänden dürfen und dem Reich veräußern?
– Nein Oheim! Wohltat ist's und weise Vorsicht,
In diesen schweren Zeiten der Parteiung,
Sich anzuschließen an ein mächtig Haupt.
Die Kaiserkrone geht von Stamm zu Stamm,
D i e hat für treue Dienste kein Gedächtnis,

mein brechend Auge meinen Tod

neuen Lehenhof das Hoflager der Habsburger, wo die Lehen vergeben wurden

Saumross Lastpferd

Gotthard Passstraße über das Schweizer Gebirgsmassiv Sankt Gotthard; lange Zeit die wichtigste Nord-Süd-Verbindung über die Alpen

zollen Zollgebühren entrichten

untern Schirm des Adlers unter den Schutz des Heiligen Römischen Reiches, dessen Symbol der Reichsadler war

Die Kaiserkrone geht von Stamm zu Stamm → Seite 147

um den mächt'gen Erbherrn wohl verdienen → Seite 147

unsre Alpen abzumessen Vermessung der Almen und Wiesen, um die Besteuerung zu bestimmen

Hochflug die dem Adel in der ›hohen Jagd‹ vorbehaltenen Greifvögel und Großgeflügelarten (z. B. Fasane)

Hochgewilde das dem Adel in der ›hohen Jagd‹ vorbehaltene Hochwild (z. B. Gämsen, Hirsche, Rehe, Wildschweine)

bannen unter die Hoheit des Kaisers stellen und somit den Abschuss durch Einheimische verbieten

Schlagbaum Grenzschranke, Zollschranke

wohlfeiler billiger, günstiger

Albrechts → Seite 147

Favenz → Seite 148

Doch um den mächt'gen Erbherrn wohl verdienen,
Heißt Saaten in die Zukunft streun.

Attinghausen. Bist du so weise?
Willst heller sehn als deine edeln Väter,
Die um der Freiheit kostbarn Edelstein
Mit Gut und Blut und Heldenkraft gestritten?
– Schiff nach Luzern hinunter, frage dort,
Wie Östreichs Herrschaft lastet auf den Ländern!
Sie werden kommen, unsre Schaf und Rinder
Zu zählen, unsre Alpen abzumessen,
Den Hochflug und das Hochgewilde bannen
In unsern freien Wäldern, ihren Schlagbaum
An unsre Brücken, unsre Tore setzen,
Mit unsrer Armut ihre Länderkäufe,
Mit unserm Blute ihre Kriege zahlen –
– Nein, wenn wir unser Blut dransetzen sollen,
So sei's für uns – wohlfeiler kaufen wir
Die Freiheit als die Knechtschaft ein!

Rudenz. Was können wir,
Ein Volk der Hirten gegen Albrechts Heere!

Attinghausen.
Lern dieses Volk der Hirten kennen, Knabe!
Ich kenn's, ich hab es angeführt in Schlachten,
Ich hab es fechten sehen bei Favenz.
Sie sollen kommen, uns ein Joch aufzwingen,
Das wir entschlossen sind, nicht zu ertragen!
– O lerne fühlen, welches Stamms du bist!
Wirf nicht für eiteln Glanz und Flitterschein
Die echte Perle deines Wertes hin –
Das Haupt zu heißen eines freien Volks,
Das dir aus Liebe nur sich herzlich weiht,
Das treulich zu dir steht in Kampf und Tod –
Das sei dein Stolz, des Adels rühme dich –

Die angebornen Bande knüpfe fest,
Ans Vaterland, ans teure, schließ dich an,
Das halte fest mit deinem ganzen Herzen.
Hier sind die starken Wurzeln deiner Kraft,
Dort in der fremden Welt stehst du allein,
Ein schwankes Rohr, das jeder Sturm zerknickt.
O komm, du hast uns lang nicht mehr gesehn,
Versuch's mit uns nur Einen Tag – nur heute
Geh nicht nach Altdorf – Hörst du? Heute nicht,
Den Einen Tag nur schenke dich den Deinen!
Er fasst seine Hand.

Rudenz.
Ich gab mein Wort – Lasst mich – Ich bin gebunden.

Attinghausen *lässt seine Hand los, mit Ernst.*
Du bist gebunden – Ja Unglücklicher!
Du bist's, doch nicht durch Wort und Schwur,
Gebunden bist du durch der Liebe Seile!
Rudenz wendet sich weg.
– Verbirg dich wie du willst. Das Fräulein ist's,
Bertha von Brunek, die zur Herrenburg
Dich zieht, dich fesselt an des Kaisers Dienst.
Das Ritterfräulein willst du dir erwerben
Mit deinem Abfall von dem Land – Betrüg dich nicht!
Dich anzulocken zeigt man dir die Braut,
Doch deiner Unschuld ist sie nicht beschieden.

Rudenz. Genug hab ich gehört. Gehabt Euch wohl.
Er geht ab.

Attinghausen.
Wahnsinn'ger Jüngling bleib! – Er geht dahin!
Ich kann ihn nicht erhalten, nicht erretten –
So ist der Wolfenschießen abgefallen
Von seinem Land – so werden andre folgen,
Der fremde Zauber reißt die Jugend fort,

schwankes Rohr (im Wind) schwankendes Schilfrohr

Doch deiner Unschuld ist sie nicht beschieden. Doch solltest du nicht so naiv sein zu glauben, dass du sie wirklich erhalten wirst.

Gehabt Euch wohl. Lebt wohl.

Wahnsinn'ger Betörter

Gewaltsam strebend über unsre Berge.
– O unglücksel'ge Stunde, da das Fremde
In diese still beglückten Täler kam,
Der Sitten fromme Unschuld zu zerstören!
– Das Neue dringt herein mit Macht, das Alte,
Das Würd'ge scheidet, andre Zeiten kommen,
Es lebt ein andersdenkendes Geschlecht!
Was tu ich hier? Sie sind begraben alle,
Mit denen ich gewaltet und gelebt.
Unter der Erde schon liegt Meine Zeit,
Wohl dem, der mit der Neuen nicht mehr braucht zu leben!
Geht ab.

gewaltet gewirkt habe, tätig gewesen bin

Zweite Szene

Eine Wiese von hohen Felsen und Wald umgeben. Auf den Felsen sind Steige, mit Geländern, auch Leitern, von denen man nachher die Landleute herabsteigen sieht. Im Hintergrunde zeigt sich der See, über welchem anfangs ein Mondregenbogen zu sehen ist. Den Prospekt schließen hohe Berge, hinter welchen noch höhere Eisgebirge ragen. Es ist völlig Nacht auf der Szene, nur der See und die weißen Gletscher leuchten im Mondenlicht.

Steige schmale Fußwege

Mondregenbogen ein durch Mondlicht entstandener, blass erscheinender doppelter Regenbogen

Den Prospekt den Teil des Bühnenbildes am Rückwand der Bühne, der als Hintergrund dient

Melchthal, Baumgarten, Winkelried, Meier von Sarnen, Burkhardt am Bühel, Arnold von Sewa, Klaus von der Flüe *und noch vier andere Landleute, alle bewaffnet.*

Melchthal *noch hinter der Szene.*
Der Bergweg öffnet sich, nur frisch mir nach,
Den Fels erkenn ich und das Kreuzlein drauf,
Wir sind am Ziel, hier ist das Rütli.

öffnet sich verbreitert sich

Treten auf mit Windlichtern.
Winkelried. Horch!
Sewa. Ganz leer.
Meier. ’s ist noch kein Landmann da. Wir sind
Die ersten auf dem Platz, wir Unterwaldner.
Melchthal. Wie weit ist’s in der Nacht?
Baumgarten. Der Feuerwächter
Vom Selisberg hat eben zwei gerufen.
Man hört in der Ferne läuten.
Meier. Still! Horch!
Am Bühel. Das Mettenglöcklein in der Waldkapelle
Klingt hell herüber aus dem Schwyzerland.
Von der Flüe. Die Luft ist rein und trägt den Schall so weit.
Melchthal. Gehn einige und zünden Reisholz an,
Dass es loh brenne, wenn die Männer kommen.
Zwei Landleute gehen.
Sewa. ’s ist eine schöne Mondennacht. Der See
Liegt ruhig da als wie ein ebner Spiegel.
Am Bühel. Sie haben eine leichte Fahrt.
Winkelried *zeigt nach dem See.* Ha seht!
Seht dorthin! Seht ihr nichts?
Meier. Was denn? – Ja wahrlich!
Ein Regenbogen mitten in der Nacht!
Melchthal. Es ist das Licht des Mondes das ihn bildet.
Von der Flüe.
Das ist ein seltsam wunderbares Zeichen!
Es leben viele, die das nicht gesehn.
Sewa. Er ist doppelt, seht, ein blässerer steht drüber.
Baumgarten. Ein Nachen fährt soeben drunter weg.
Melchthal. Das ist der Stauffacher mit seinem Kahn,
Der Biedermann lässt sich nicht lang erwarten.
Geht mit Baumgarten nach dem Ufer.
Meier. Die Urner sind es, die am längsten säumen.

Windlichtern Fackeln

Landmann Landsmann, Einwohner des Landes

Feuerwächter (Nacht-)Wächter, der auch auf ausbrechende Feuer zu achten hat

Selisberg Seelisberg; Ort in der Nähe des Rütli

Mettenglöcklein kleine Glocke, die zur Ankündigung der Frühmesse läutet

Reisholz Brennmaterial aus dünnen Zweigen

loh hell

umgehen einen Umweg gehen

Kundschaft Kundschafter, Spione

Wort Losungswort, Parole

gemeine die allgemeine, gemeinsame

Surennen Surenenpass von Altdorf (im Kanton Uri) nach Engelberg (im Kanton Unterwalden)

Am Bühel. Sie müssen weit umgehen durchs Gebirg,
Dass sie des Landvogts Kundschaft hintergehen.
Unterdessen haben die zwei Landleute in der Mitte des Platzes ein Feuer angezündet.

Melchthal *am Ufer.*
Wer ist da? Gebt das Wort!

Stauffacher *von unten.* Freunde des Landes.

Alle gehen nach der Tiefe, den Kommenden entgegen. Aus dem Kahn steigen **Stauffacher, Itel Reding, Hans auf der Mauer, Jörg im Hofe, Konrad Hunn, Ulrich der Schmidt, Jost von Weiler,** *und noch drei andre Landleute, gleichfalls bewaffnet.*

Alle *rufen.* Willkommen!

Indem die Übrigen in der Tiefe verweilen und sich begrüßen, kommt **Melchthal** *mit* **Stauffacher** *vorwärts.*

Melchthal. O Herr Stauffacher! Ich hab ihn
Gesehn, der m i c h nicht wiedersehen konnte!
Die Hand hab ich gelegt auf seine Augen,
Und glühend Rachgefühl hab ich gesogen
Aus der erloschnen Sonne seines Blicks.

Stauffacher.
Sprecht nicht von Rache. Nicht Geschehnes rächen,
Gedrohtem Übel wollen wir begegnen.
– Jetzt sagt, was Ihr im Unterwaldner Land
Geschafft und für gemeine Sach geworben,
Wie die Landleute denken, wie Ihr selbst
Den Stricken des Verrats entgangen seid.

Melchthal. Durch der Surennen furchtbares Gebirg,
Auf weit verbreitet öden Eisesfeldern,

Wo nur der heisre Lämmergeier krächzt,
Gelangt ich zu der Alpentrift, wo sich
Aus Uri und vom Engelberg die Hirten
Anrufend grüßen und gemeinsam weiden,
Den Durst mir stillend mit der Gletscher Milch,
Die in den Runsen schäumend niederquillt.
In den einsamen Sennhütten kehrt ich ein,
Mein eigner Wirt und Gast, bis dass ich kam
Zu Wohnungen gesellig lebender Menschen.
– Erschollen war in diesen Tälern schon
Der Ruf des neuen Gräuels der geschehn,
Und fromme Ehrfurcht schaffte mir mein Unglück
Vor jeder Pforte, wo ich wandernd klopfte.
Entrüstet fand ich diese graden Seelen
Ob dem gewaltsam neuen Regiment,
Denn so wie ihre Alpen fort und fort
Dieselben Kräuter nähren, ihre Brunnen
Gleichförmig fließen, Wolken selbst und Winde
Den gleichen Strich unwandelbar befolgen,
So hat die alte Sitte hier vom Ahn
Zum Enkel unverändert fortbestanden,
Nicht tragen sie verwegne Neuerung
Im altgewohnten gleichen Gang des Lebens.
– Die harten Hände reichten sie mir dar,
Von den Wänden langten sie die rost'gen Schwerter,
Und aus den Augen blitzte freudiges
Gefühl des Muts, als ich die Namen nannte,
Die im Gebirg dem Landmann heilig sind,
Den Eurigen und Walthers Fürsts – Was euch
Recht würde dünken, schwuren sie zu tun,
Euch schwuren sie bis in den Tod zu folgen.
– So eilt ich sicher unterm heil'gen Schirm
Des Gastrechts von Gehöfte zu Gehöfte –

Lämmergeier Bartgeier; Greifvogel aus der Familie der Habichte

Alpentrift Weideland in den Alpen

der Gletscher Milch das bläulich-weiße Schmelzwasser der Gletscher

Runsen schmale Wasserrinne, Bachbett

tragen erwägen, beabsichtigen

harten von schwerer Arbeit mit Schwielen und Hornhaut überzogenen

Vettern näheren männlichen Verwandten

Und als ich kam ins heimatliche Tal,
Wo mir die Vettern viel verbreitet wohnen –
Als ich den Vater fand, beraubt und blind,
Auf fremdem Stroh, von der Barmherzigkeit
Mildtät'ger Menschen lebend –

Stauffacher. Herr im Himmel!

Melchthal.
Da weint ich nicht! Nicht in ohnmächt'gen Tränen
Goss ich die Kraft des heißen Schmerzens aus,
In tiefer Brust wie einen teuern Schatz
Verschloss ich ihn und dachte nur auf Taten.
Ich kroch durch alle Krümmen des Gebirgs,
Kein Tal war so versteckt, ich späht es aus,
Bis an der Gletscher eisbedeckten Fuß
Erwartet ich und fand bewohnte Hütten,
Und überall, wohin mein Fuß mich trug,
Fand ich den gleichen Hass der Tyrannei,
Denn bis an diese letzte Grenze selbst
Belebter Schöpfung, wo der starre Boden
Aufhört zu geben, raubt der Vögte Geiz –
Die Herzen alle dieses biedern Volks
Erregt ich mit dem Stachel meiner Worte,
Und unser sind sie all mit Herz und Mund.

Krümmen Krümmungen

der gegen die (gegenüber der)

Stauffacher. Großes habt Ihr in kurzer Frist geleistet.

Melchthal. Ich tat noch mehr. Die beiden Vesten sind's,
Roßberg und Sarnen, die der Landmann fürchtet,
Denn hinter ihren Felsenwällen schirmt
Der Feind sich leicht und schädiget das Land.
Mit eignen Augen wollt ich es erkunden,
Ich war zu Sarnen und besah die Burg.

Stauffacher. Ihr wagtet Euch bis in des Tigers Höhle?

Melchthal. Ich war verkleidet dort in Pilgerstracht,
Ich sah den Landvogt an der Tafel schwelgen –

Urteilt, ob ich mein Herz bezwingen kann.
Ich sah den Feind und ich erschlug ihn nicht.

Stauffacher. Fürwahr das Glück war Eurer Kühnheit hold.
Unterdessen sind die andern Landleute vorwärts gekommen, und nähern sich den beiden.
Doch jetzo sagt mir, wer die Freunde sind,
Und die gerechten Männer, die Euch folgten?
Macht mich bekannt mit ihnen, dass wir uns
Zutraulich nahen und die Herzen öffnen.

Meier.
Wer kennte Euch nicht, Herr, in den drei Landen?
Ich bin der Mei'r von Sarnen, dies hier ist
Mein Schwestersohn, der Struth von Winkelried.

Stauffacher. Ihr nennt mir keinen unbekannten Namen.
Ein Winkelried war's, der den Drachen schlug
Im Sumpf bei Weiler und sein Leben ließ
In diesem Strauß.

Winkelried. Das war mein Ahn, Herr Werner.

Melchthal *zeigt auf zwei Landleute.*
Die wohnen hinterm Wald, sind Klosterleute
Vom Engelberg – Ihr werdet sie drum nicht
Verachten, weil sie eigne Leute sind,
Und nicht wie wir frei sitzen auf dem Erbe –
Sie lieben 's Land, sind sonst auch wohl berufen.

Stauffacher *zu den beiden.*
Gebt mir die Hand. Es preise sich, wer keinem
Mit seinem Leibe pflichtig ist auf Erden,
Doch Redlichkeit gedeiht in jedem Stande.

Konrad Hunn.
Das ist Herr Reding, unser Altlandammann.

Meier. Ich kenn ihn wohl. Er ist mein Widerpart,
Der um ein altes Erbstück mit mir rechtet.
– Herr Reding, wir sind Feinde vor Gericht,

Fürwahr Wahrhaftig (Ausdruck der Beteuerung)

hold geneigt

Mei'r Meier, Gutsvorsteher, Gutsverwalter

Schwestersohn Neffe

Struth von Winkelried → Seite 148

Weiler → Seite 148

Strauß Gefecht, Kampf

Klosterleute Bauern, die dem Kloster als Leibeigene unterstehen

sind … wohl berufen haben einen guten Ruf, Leumund

Altlandammann der aufgrund seines Alters abgetretene Landammann

Widerpart Gegner, Gegenspieler

rechtet im Rechtsstreit liegt

Hier sind wir einig.
Schüttelt ihm die Hand.

Stauffacher. Das ist brav gesprochen.

Horn von Uri Signalhorn der Urner Bürger, aus dem Horn eines Auerochsen gefertigt

Winkelried. Hört ihr? Sie kommen. Hört das Horn von Uri!
Rechts und links sieht man bewaffnete Männer mit Windlichtern die Felsen herabsteigen.

Auf der Mauer.
Seht! Steigt nicht selbst der fromme Diener Gottes,
Der würd'ge Pfarrer mit herab? Nicht scheut er
Des Weges Mühen und das Graun der Nacht,
Ein treuer Hirte für das Volk zu sorgen.

Sigrist (schweiz.) Küster, Mesner

Baumgarten.
Der Sigrist folgt ihm und Herr Walther Fürst,
Doch nicht den Tell erblick ich in der Menge.

Walther Fürst, Rösselmann der Pfarrer, Petermann der Sigrist, Kuoni der Hirt, Werni der Jäger, Ruodi der Fischer *und noch fünf andere Landleute, alle zusammen, dreiunddreißig an der Zahl, treten vorwärts und stellen sich um das Feuer.*

Walther Fürst. So müssen wir auf unserm eignen Erb'
Und väterlichen Boden uns verstohlen
Zusammenschleichen wie die Mörder tun.
Und bei der Nacht, die ihren schwarzen Mantel
Nur dem Verbrechen und der sonnenscheuen
Verschwörung leihet, unser gutes Recht
Uns holen, das doch lauter ist und klar,
Gleichwie der glanzvoll offne Schoß des Tages.

lauter rein, unverfälscht

Melchthal.
Lasst's gut sein. Was die dunkle Nacht gesponnen,
Soll frei und fröhlich an das Licht der Sonnen.

Rösselmann. Hört was mir Gott ins Herz gibt Eidgenossen!
Wir stehen hier statt einer Landsgemeinde,

Und können gelten für ein ganzes Volk,
So lasst uns tagen nach den alten Bräuchen
Des Lands, wie wir's in ruhigen Zeiten pflegen,
Was ungesetzlich ist in der Versammlung,
Entschuldige die Not der Zeit. Doch Gott
Ist überall, wo man das Recht verwaltet,
Und unter seinem Himmel stehen wir.

Stauffacher. Wohl, lasst uns tagen nach der alten Sitte,
Ist es gleich Nacht, so leuchtet unser Recht.

gleich auch

Melchthal. Ist gleich die Zahl nicht voll, das Herz ist hier
Des ganzen Volks, die Besten sind zugegen.

Konrad Hunn. Sind auch die alten Bücher nicht zur Hand,
Sie sind in unsre Herzen eingeschrieben.

die alten Bücher die überlieferten Landesgesetze

Rösselmann. Wohlan, so sei der Ring sogleich gebildet,
Man pflanze auf die Schwerter der Gewalt.

Auf der Mauer. Der Landesammann nehme seinen Platz,
Und seine Weibel stehen ihm zur Seite!

Weibel (schweiz.) Amtsdiener, Gerichtsdiener

Sigrist. Es sind der Völker dreie. Welchem nun
Gebührt's, das Haupt zu geben der Gemeinde?

Meier. Um diese Ehr' mag Schwyz mit Uri streiten,
Wir Unterwaldner stehen frei zurück.

Melchthal. Wir stehn zurück, wir sind die Flehenden,
Die Hülfe heischen von den mächt'gen Freunden.

heischen erbitten

Stauffacher. So nehme Uri denn das Schwert, sein Banner
Zieht bei den Römerzügen uns voran.

Römerzügen Teilnahme an den Italienfeldzügen oder an den Kaiserkrönungen in Rom

Walther Fürst. Des Schwertes Ehre werde Schwyz zuteil,
Denn seines Stammes rühmen wir uns alle.

Rösselmann.
Den edeln Wettstreit lasst mich freundlich schlichten,
Schwyz soll im Rat, Uri im Felde führen.

Walther Fürst *reicht dem Stauffacher die Schwerter.*
So nehmt!

Stauffacher. Nicht mir, dem Alter sei die Ehre.

Im Hofe. Die meisten Jahre zählt Ulrich der Schmidt.

Auf der Mauer.
Der Mann ist wacker, doch nicht freien Stands,
Kein eigner Mann kann Richter sein in Schwyz.

eigner Mann Leibeigner

Stauffacher.
Steht nicht Herr Reding hier der Altlandammann?
Was suchen wir noch einen Würdigern?

Walther Fürst. Er sei der Ammann und des Tages Haupt!
Wer dazu stimmt erhebe seine Hände.

des Tages Haupt der Vorsitzende der Versammlung

Alle heben die rechte Hand auf.

Reding *tritt in die Mitte.*
Ich kann die Hand nicht auf die Bücher legen,
So schwör ich droben bei den ew'gen Sternen,
Dass ich mich nimmer will vom Recht entfernen.

Man richtet die zwei Schwerter vor ihm auf, der Ring bildet sich um ihn her, Schwyz hält die Mitte, rechts stellt sich Uri und links Unterwalden. Er steht auf sein Schlachtschwert gestützt.

Was ist's, das die drei Völker des Gebirgs
Hier an des Sees unwirtlichem Gestade
Zusammenführte in der Geisterstunde?
Was soll der Inhalt sein des neuen Bunds,
Den wir hier unterm Sternenhimmel stiften?

unwirtlichem Gestade schroffer, schwer zugänglicher Uferstelle

Stauffacher *tritt in den Ring.*
Wir stiften keinen neuen Bund, es ist
Ein uralt Bündnis nur von Väter Zeit,
Das wir erneuern! Wisset Eidgenossen!
Ob uns der See, ob uns die Berge scheiden,
Und jedes Volk sich für sich selbst regiert,
So sind wir Eines Stammes doch und Bluts,
Und Eine Heimat ist's, aus der wir zogen.

Winkelried. So ist es wahr, wie's in den Liedern lautet,
Dass wir von fern her in das Land gewallt?

gewallt eingewandert

O teilt's uns mit, was Euch davon bekannt,
Dass sich der neue Bund am alten stärke.

Stauffacher. Hört, was die alten Hirten sich erzählen.
– Es war ein großes Volk, hinten im Lande
Nach Mitternacht, das litt von schwerer Teu'rung.
In dieser Not beschloss die Landsgemeinde,
Dass je der zehnte Bürger nach dem Los
Der Väter Land verlasse – das geschah!
Und zogen aus, wehklagend, Männer und Weiber,
Ein großer Heerzug, nach der Mittagsonne,
Mit dem Schwert sich schlagend durch das deutsche Land,
Bis an das Hochland dieser Waldgebirge.
Und eher nicht ermüdete der Zug,
Bis dass sie kamen in das wilde Tal,
Wo jetzt die Muotta zwischen Wiesen rinnt –
Nicht Menschenspuren waren hier zu sehen,
Nur eine Hütte stand am Ufer einsam,
Da saß ein Mann, und wartete der Fähre –
Doch heftig wogete der See und war
Nicht fahrbar; da besahen sie das Land
Sich näher und gewahrten schöne Fülle
Des Holzes und entdeckten gute Brunnen,
Und meinten, sich im lieben Vaterland
Zu finden – Da beschlossen sie zu bleiben,
Erbaueten den alten Flecken Schwyz,
Und hatten manchen sauren Tag, den Wald
Mit weitverschlungnen Wurzeln auszuroden –
Drauf als der Boden nicht mehr G'nügen tat
Der Zahl des Volks, da zogen sie hinüber
Zum schwarzen Berg, ja bis ans Weißland hin,
Wo hinter ew'gem Eiseswall verborgen,
Ein andres Volk in andern Zungen spricht.
Den Flecken Stanz erbauten sie am Kernwald,

Nach Mitternacht Richtung Norden

Teu'rung Ansteigen der Lebenshaltungskosten

je jeweils

nach der Mittagsonne Richtung Süden

Muotta Fluss im Kanton Schwyz

wartete der Fähre besorgte den Fährdienst

Flecken Ort(schaft), Dorf

schwarzen Berg der Berg Brünig im Kanton Unterwalden; über den Brünigpass gelangt man von Luzern über Unterwalden in den Kanton Bern.

Weißland das Oberhaslital im Berner Oberland

Eiseswall Gletscher

Stanz Stans; Ortschaft im Kanton Unterwalden

Reuß Fluss bei Luzern

Den Flecken Altdorf in dem Tal der Reuß –
Doch blieben sie des Ursprungs stets gedenk,
Aus all den fremden Stämmen, die seitdem
In Mitte ihres Lands sich angesiedelt,
Finden die Schwyzer Männer sich heraus,
Es gibt das Herz, das Blut sich zu erkennen.
Reicht rechts und links die Hand hin.

Auf der Mauer. Ja wir sind eines Herzens, eines Bluts!

Alle *sich die Hände reichend.*
Wir sind Ein Volk, und einig wollen wir handeln.

Stauffacher. Die andern Völker tragen fremdes Joch,
Sie haben sich dem Sieger unterworfen.
Es leben selbst in unsern Landesmarken

Sassen Ansässige, die einem Herrn dienstbar und damit keine Bürger waren

Der Sassen viel, die fremde Pflichten tragen,
Und ihre Knechtschaft erbt auf ihre Kinder.
Doch wir, der alten Schweizer echter Stamm,
Wir haben stets die Freiheit uns bewahrt.
Nicht unter Fürsten bogen wir das Knie,
Freiwillig wählten wir den Schirm der Kaiser.

Rösselmann.

Kaiser Friedrichs Brief die von Friedrich II. ausgestellte Urkunde, die den bei Faenza kämpfenden Schwyzern die Freiheitsrechte gewährte (vgl. S. 42 bzw. 148)

Frei wählten wir des Reiches Schutz und Schirm,
So steht's bemerkt in Kaiser Friedrichs Brief.

Stauffacher. Denn herrenlos ist auch der Freiste nicht.
Ein Oberhaupt muss sein, ein höchster Richter,
Wo man das Recht mag schöpfen in dem Streit.
Drum haben unsre Väter für den Boden,
Den sie der alten Wildnis abgewonnen,
Die Ehr' gegönnt dem Kaiser, der den Herrn

welschen italienischen; Friedrich II. war römisch-deutscher Kaiser.

Sich nennt der deutschen und der welschen Erde,
Und wie die andern Freien seines Reichs
Sich ihm zu edelm Waffendienst gelobt,

gelobt verpflichtet

Denn dieses ist der Freien einz'ge Pflicht,
Das Reich zu schirmen, das sie selbst beschirmt.

Melchthal. Was drüber ist, ist Merkmal eines Knechts.
Stauffacher. Sie folgten, wenn der Heribann erging,
Dem Reichspanier und schlugen seine Schlachten.
Nach Welschland zogen sie gewappnet mit,
Die Römerkron' ihm auf das Haupt zu setzen.
Daheim regierten sie sich fröhlich selbst
Nach altem Brauch und eigenem Gesetz,
Der höchste Blutbann war allein des Kaisers.
Und dazu ward bestellt ein großer Graf,
Der hatte seinen Sitz nicht in dem Lande,
Wenn Blutschuld kam, so rief man ihn herein,
Und unter offnem Himmel, schlicht und klar,
Sprach er das Recht und ohne Furcht der Menschen.
Wo sind hier Spuren, dass wir Knechte sind?
Ist einer, der es anders weiß, der rede!
Im Hofe. Nein, so verhält sich alles wie Ihr sprecht,
Gewaltherrschaft ward nie bei uns geduldet.
Stauffacher.
Dem Kaiser selbst versagten wir Gehorsam,
Da er das Recht zu Gunst der Pfaffen bog.
Denn als die Leute von dem Gotteshaus
Einsiedeln uns die Alp in Anspruch nahmen,
Die wir beweidet seit der Väter Zeit,
Der Abt herfürzog einen alten Brief,
Der ihm die herrenlose Wüste schenkte –
Denn unser Dasein hatte man verhehlt –
Da sprachen wir: »Erschlichen ist der Brief,
Kein Kaiser kann was unser ist verschenken.
Und wird uns Recht versagt vom Reich, wir können
In unsern Bergen auch des Reichs entbehren.«
– So sprachen unsre Väter! Sollen wir
Des neuen Joches Schändlichkeit erdulden,
Erleiden von dem fremden Knecht, was uns

Heribann Heerbann; Aufruf zum Kriegsdienst

Reichspanier Reichsbanner, Reichsfahne

gewappnet gerüstet

Römerkron' die vom Papst verliehene Kaiserkrone des Heiligen Römischen Reiches

höchste Blutbann die höchste Gerichtsbarkeit, in der über Leben und Tod entschieden wurde

Da Als

zu Gunst zugunsten

Pfaffen Geistlichen

herfürzog hervorzog

einen alten Brief → Seite 148

verhehlt verschwiegen

Knecht … des Königs; gemeint ist der Landvogt

In seiner Macht kein Kaiser durfte bieten?
– Wir haben diesen Boden uns erschaffen
Durch unsrer Hände Fleiß, den alten Wald,
Der sonst der Bären wilde Wohnung war,
Zu einem Sitz für Menschen umgewandelt,
Die Brut des Drachen haben wir getötet,
Der aus den Sümpfen giftgeschwollen stieg,
Die Nebeldecke haben wir zerrissen,
Die ewig grau um diese Wildnis hing,
Den harten Fels gesprengt, über den Abgrund
Dem Wandersmann den sichern Steg geleitet,
Unser ist durch tausendjährigen Besitz
Der Boden – und der fremde Herrenknecht
Soll kommen dürfen und uns Ketten schmieden,
Und Schmach antun auf unsrer eignen Erde?
Ist keine Hülfe gegen solchen Drang?
Eine große Bewegung unter den Landleuten.
Nein, eine Grenze hat Tyrannenmacht,
Wenn der Gedrückte nirgends Recht kann finden,
Wenn unerträglich wird die Last – greift er
Hinauf getrosten Mutes in den Himmel
Und holt herunter seine ew'gen Rechte,
Die droben hangen unveräußerlich
Und unzerbrechlich wie die Sterne selbst –
Der alte Urstand der Natur kehrt wieder,
Wo Mensch dem Menschen gegenübersteht –
Zum letzten Mittel, wenn kein andres mehr
Verfangen will, ist ihm das Schwert gegeben –
Der Güter höchstes dürfen wir verteid'gen
Gegen Gewalt – Wir stehn vor unser Land,
Wir stehn vor unsre Weiber, unsre Kinder!

Urstand Urzustand; gemeint ist eine ideale Frühzeit, in der noch keine Standesunterschiede und Herrschaftsverhältnisse existierten

stehn vor stehen ein für

Alle *an ihre Schwerter schlagend.*
Wir stehn vor unsre Weiber, unsre Kinder!

Rösselmann *tritt in den Ring.*
Eh ihr zum Schwerte greift, bedenkt es wohl.
Ihr könnt es friedlich mit dem Kaiser schlichten.
Es kostet euch ein Wort und die Tyrannen,
Die euch jetzt schwer bedrängen, schmeicheln euch.
– Ergreift, was man euch oft geboten hat,
Trennt euch vom Reich, erkennet Östreichs Hoheit –

erkennet erkennt … an, akzeptiert

Auf der Mauer.
Was sagt der Pfarrer? Wir zu Östreich schwören!
Am Bühel. Hört ihn nicht an!
Winkelried. Das rät uns ein Verräter,
Ein Feind des Landes!
Reding. Ruhig Eidgenossen!
Sewa. Wir Östreich huldigen, nach solcher Schmach!
Von der Flüe. Wir uns abtrotzen lassen durch Gewalt,
Was wir der Güte weigerten!

weigerten verweigerten

Meier. Dann wären
Wir Sklaven und verdienten es zu sein!
Auf der Mauer.
Der sei gestoßen aus dem Recht der Schweizer,
Wer von Ergebung spricht an Österreich!
– Landammann, ich bestehe drauf, dies sei
Das erste Landsgesetz, das wir hier geben.
Melchthal.
So sei's. Wer von Ergebung spricht an Östreich,
Soll rechtlos sein und aller Ehren bar,
Kein Landmann nehm ihn auf an seinem Feuer.

bar bloß, verlustig

an seinem Feuer Herdfeuer; in seinem Haus

Alle *heben die rechte Hand auf.*
Wir wollen es, das sei Gesetz!
Reding *nach einer Pause.* Es ist's.
Rösselmann. Jetzt seid ihr frei, ihr seid's durch dies Gesetz,
Nicht durch Gewalt soll Österreich ertrotzen
Was es durch freundlich Werben nicht erhielt –

Jost von Weiler. Zur Tagesordnung, weiter.
Reding. Eidgenossen!
Sind alle sanften Mittel auch versucht?
Vielleicht weiß es der König nicht, es ist
Wohl gar sein Wille nicht, was wir erdulden.
Auch dieses Letzte sollten wir versuchen,
Erst unsre Klage bringen vor sein Ohr,
Eh wir zum Schwerte greifen. Schrecklich immer
Auch in gerechter Sache ist Gewalt,
Gott hilft nur dann, wenn Menschen nicht mehr helfen.
Stauffacher *zu Konrad Hunn.*
Nun ist's an Euch, Bericht zu geben. Redet.
Konrad Hunn. Ich war zu Rheinfeld an des Kaisers Pfalz,
Wider der Vögte harten Druck zu klagen,
Den Brief zu holen unsrer alten Freiheit,
Den jeder neue König sonst bestätigt.
Die Boten vieler Städte fand ich dort,
Vom schwäb'schen Lande und vom Lauf des Rheins,
Die all erhielten ihre Pergamente,
Und kehrten freudig wieder in ihr Land.
Mich, E u r e n Boten, wies man an die Räte,
Und die entließen mich mit leerem Trost:
»Der Kaiser habe diesmal keine Zeit,
Er würde sonst einmal wohl an uns denken.«
– Und als ich traurig durch die Säle ging
Der Königsburg, da sah ich Herzog Hansen
In einem Erker weinend stehn, um ihn
Die edeln Herrn von Wart und Tegerfeld.
Die riefen mir und sagten: »Helft euch selbst,
Gerechtigkeit erwartet nicht vom König.
Beraubt er nicht des eignen Bruders Kind,
Und hinterhält ihm sein gerechtes Erbe?
Der Herzog fleht' ihn um sein Mütterliches,

sanften friedfertigen, gewaltlosen

Rheinfeld Rheinfelden im Kanton Aargau; Geburtsort Albrechts I.

des Kaisers Pfalz der kaiserlichen Hofburg

Brief … alten Freiheit den Freiheitsbrief Friedrichs II. (vgl. S. 148: ›Favenz‹)

Räte leitenden Beamten des Fürsten

sonst bei anderer Gelegenheit

Herzog Hansen → Seite 148

von Wart … Tegerfeld → Seite 148

mir mich (herbei)

hinterhält vorenthält

sein Mütterliches sein mütterliches (historisch korrekt wäre: väterliches) Erbe

Er habe seine Jahre voll, es wäre
Nun Zeit, auch Land und Leute zu regieren.
Was ward ihm zum Bescheid? Ein Kränzlein setzt' ihm
Der Kaiser auf: das sei die Zier der Jugend.«
Auf der Mauer. Ihr habt's gehört. Recht und Gerechtigkeit
Erwartet nicht vom Kaiser! Helft euch selbst!
Reding. Nichts andres bleibt uns übrig. Nun gebt Rat,
Wie wir es klug zum frohen Ende leiten.
Walther Fürst *tritt in den Ring.*
Abtreiben wollen wir verhassten Zwang,
Die alten Rechte, wie wir sie ererbt
Von unsern Vätern, wollen wir bewahren,
Nicht ungezügelt nach dem Neuen greifen.
Dem Kaiser bleibe, was des Kaisers ist,
Wer einen Herrn hat, dien' ihm pflichtgemäß.
Meier. Ich trage Gut von Österreich zu Lehen.
Walther Fürst. Ihr fahret fort, Östreich die Pflicht zu leisten.
Jost von Weiler. Ich steu're an die Herrn von Rappersweil.
Walther Fürst. Ihr fahret fort, zu zinsen und zu steuern.
Rösselmann. Der großen Frau zu Zür'ch bin ich vereidet.
Walther Fürst. Ihr gebt dem Kloster was des Klosters ist.
Stauffacher. Ich trage keine Lehen als des Reichs.
Walther Fürst.
Was sein muss, das geschehe, doch nicht drüber.
Die Vögte wollen wir mit ihren Knechten
Verjagen und die festen Schlösser brechen,
Doch wenn es sein mag, ohne Blut. Es sehe
Der Kaiser, dass wir notgedrungen nur
Der Ehrfurcht fromme Pflichten abgeworfen.
Und sieht er uns in unsern Schranken bleiben,
Vielleicht besiegt er staatsklug seinen Zorn,
Denn bill'ge Furcht erwecket sich ein Volk,
Das mit dem Schwerte in der Faust sich m ä ß i g t.

Abtreiben Abschütteln, verjagen

Dem Kaiser bleibe, was des Kaisers ist vgl. Matthäus 22,21 und Markus 12,17

steu're zahle Steuern

Rappersweil Rapperswil; Stadt am Zürichsee

Der großen Frau zu Zür'ch die Äbtissin des Klosters Fraumünster in Zürich, die die Geistlichen aus Uri besoldete

sein mag möglich ist

bill'ge Furcht Achtung

Reding. Doch lasset hören! Wie vollenden wir's?
Es hat der Feind die Waffen in der Hand,
Und nicht fürwahr in Frieden wird er weichen.
Stauffacher. Er wird's, wenn er in Waffen uns erblickt,
Wir überraschen ihn, eh er sich rüstet.

bald gesprochen leicht gesagt

Meier. Ist bald gesprochen, aber schwer getan.
Uns ragen in dem Land zwei feste Schlösser,
Die geben Schirm dem Feind und werden furchtbar,

fallen einfallen, einmarschieren

Wenn uns der König in das Land sollt fallen.
Roßberg und Sarnen muss bezwungen sein,
Eh man ein Schwert erhebt in den drei Landen.
Stauffacher. Säumt man so lang, so wird der Feind gewarnt.
Zu viele sind's, die das Geheimnis teilen.
Meier. In den Waldstätten find't sich kein Verräter.
Rösselmann. Der Eifer auch, der gute, kann verraten.
Walther Fürst.
Schiebt man es auf, so wird der Twing vollendet

befestigt sich setzt sich fest, wird unangreifbar

In Altdorf und der Vogt befestigt sich.
Meier. Ihr denkt an euch.
Sigrist. Und ihr seid ungerecht.
Meier *auffahrend.* Wir ungerecht! Das darf uns Uri bieten!
Reding. Bei eurem Eide! Ruh!
Meier. Ja, wenn sich Schwyz
Versteht mit Uri, müssen wir wohl schweigen.

weisen zurechtweisen

Reding. Ich muss euch weisen vor der Landsgemeinde,
Dass ihr mit heft'gem Sinn den Frieden stört!
Stehn wir nicht alle für dieselbe Sache?
Winkelried.

Fest des Herrn Weihnachten

Wenn wir's verschieben bis zum Fest des Herrn
Dann bringt's die Sitte mit, dass alle Sassen
Dem Vogt Geschenke bringen auf das Schloss,
So können zehen Männer oder zwölf
Sich unverdächtig in der Burg versammeln,

Die führen heimlich spitz'ge Eisen mit,
Die man geschwind kann an die Stäbe stecken,
Denn niemand kommt mit Waffen in die Burg.
Zunächst im Wald hält dann der große Haufe,
Und wenn die andern glücklich sich des Tors
Ermächtiget, so wird ein Horn geblasen,
Und jene brechen aus dem Hinterhalt,
So wird das Schloss mit leichter Arbeit unser.

Melchthal. Den Roßberg übernehm ich zu ersteigen,
Denn eine Dirn des Schlosses ist mir hold,
Und leicht betör ich sie, zum nächtlichen
Besuch die schwanke Leiter mir zu reichen,
Bin ich droben erst, zieh ich die Freunde nach.

Reding. Ist's aller Wille, dass verschoben werde?

Die Mehrheit erhebt die Hand.

Stauffacher *zählt die Stimmen.*
Es ist ein Mehr von zwanzig gegen zwölf!

Walther Fürst. Wenn am bestimmten Tag die Burgen fallen,
So geben wir von einem Berg zum andern
Das Zeichen mit dem Rauch, der Landsturm wird
Aufgeboten, schnell, im Hauptort jedes Landes,
Wenn dann die Vögte sehn der Waffen Ernst,
Glaubt mir, sie werden sich des Streits begeben
Und gern ergreifen friedliches Geleit,
Aus unsern Landesmarken zu entweichen.

Stauffacher.
Nur mit dem Geßler fürcht ich schweren Stand,
Furchtbar ist er mit Reisigen umgeben,
Nicht ohne Blut räumt er das Feld, ja selbst
Vertrieben bleibt er furchtbar noch dem Land,
Schwer ist's und fast gefährlich, ihn zu schonen.

Baumgarten. Wo's halsgefährlich ist, da stellt m i c h hin,
Dem Tell verdank ich mein gerettet Leben,

Zunächst Nahebei

hält sammelt sich

Haufe Heerhaufen, Streitmacht

Ermächtiget Bemächtigt

Dirn junges Mädchen

schwanke Leiter Strickleiter oder leichte Leiter

ein Mehr eine Mehrheit

der Landsturm alle waffenfähigen Männer, die zur Verteidigung des Landes eingesetzt werden können

sich des Streits begeben den Kampf aufgeben

halsgefährlich lebensgefährlich

schlag ich's in die Schanze setze ich's aufs Spiel

Gern schlag ich's in die Schanze für das Land,
Mein Ehr' hab ich beschützt, mein Herz befriedigt.

Reding. Die Zeit bringt Rat. Erwartet's in Geduld.
Man muss dem Augenblick auch was vertrauen.
– Doch seht, indes wir nächtlich hier noch tagen,
Stellt auf den höchsten Bergen schon der Morgen
Die glüh'nde Hochwacht aus – Kommt, lasst uns scheiden,
Eh uns des Tages Leuchten überrascht.

glüh'nde Hochwacht metaphorisch für Morgenröte (die eigentliche Bedeutung von ›Hochwacht‹ ist: Wachtfeuer auf den Bergen)

Walther Fürst.
Sorgt nicht, die Nacht weicht langsam aus den Tälern.
Alle haben unwillkürlich die Hüte abgenommen und betrachten mit stiller Sammlung die Morgenröte.

Sammlung Ergriffenheit (innerer Sammlung)

Rösselmann. Bei diesem Licht, das uns zuerst begrüßt
Von allen Völkern, die tief unter uns
Schweratmend wohnen in dem Qualm der Städte,
Lasst uns den Eid des neuen Bundes schwören.
– Wir wollen sein ein einzig Volk von Brüdern,
In keiner Not uns trennen und Gefahr.
Alle sprechen es nach mit erhobenen drei Fingern.
– Wir wollen frei sein wie die Väter waren,
Eher den Tod, als in der Knechtschaft leben.
Wie oben.
– Wir wollen trauen auf den höchsten Gott
Und uns nicht förchten vor der Macht der Menschen.
Wie oben. Die Landleute umarmen einander.

trauen vertrauen

förchten fürchten

Stauffacher. Jetzt gehe jeder seines Weges still
Zu seiner Freundschaft und Genosssame,
Wer Hirt ist, wintre ruhig seine Herde,
Und werb im Stillen Freunde für den Bund,
– Was noch bis dahin muss erduldet werden,
Erduldet's! Lasst die Rechnung der Tyrannen
Anwachsen, bis Ein Tag die allgemeine
Und die besondre Schuld auf einmal zahlt.

Freundschaft hier: Verwandtschaft

Genosssame Gemeindebezirk, Gemeinschaft

wintre … seine Herde überwintre … die Herde (in den Ställen im Tal)

Bezähme jeder die gerechte Wut,
Und spare für das Ganze seine Rache,
Denn Raub begeht am allgemeinen Gut,
Wer selbst sich hilft in seiner eignen Sache.

Indem sie zu drei verschiednen Seiten in größter Ruhe abgehen, fällt das Orchester mit einem prachtvollen Schwung ein, die leere Szene bleibt noch eine Zeitlang offen und zeigt das Schauspiel der aufgehenden Sonne über den Eisgebirgen.

Raub begeht am allgemeinen Gut Schaden fügt dem gemeinschaftlichen Interesse zu

Dritter Aufzug

Erste Szene

Hof vor **Tells** *Hause. Er ist mit der Zimmeraxt,* **Hedwig** *mit einer häuslichen Arbeit beschäftigt.* **Walther** *und* **Wilhelm** *in der Tiefe spielen mit einer kleinen Armbrust.*

Walther *singt.*

Mit dem Pfeil, dem Bogen,
Durch Gebirg und Tal
Kommt der Schütz gezogen
Früh am Morgenstrahl.

am Morgenstrahl in den ersten Sonnenstrahlen am Morgen

Wie im Reich der Lüfte
König ist der Weih, –
Durch Gebirg und Klüfte
Herrscht der Schütze frei.

Weih Greifvogel aus der Familie der Habichte

Ihm gehört das Weite,
Was sein Pfeil erreicht,
Das ist seine Beute,
Was da kreucht und fleugt.

kreucht und fleugt kriecht und fliegt

Kommt gesprungen.
Der Strang ist mir entzwei. Mach mir ihn Vater.

Strang Sehne des Bogens

Tell. Ich nicht. Ein rechter Schütze hilft sich selbst.
Knaben entfernen sich.

Hedwig.
Die Knaben fangen zeitig an zu schießen.

Tell. Früh übt sich, was ein Meister werden will.

Hedwig. Ach wollte Gott, sie lernten's nie.

Tell. Sie sollen alles lernen. Wer durchs Leben

Sich frisch will schlagen, muss zu Schutz und Trutz
Gerüstet sein.

Hedwig. Ach, es wird keiner seine Ruh
Zu Hause finden.

Tell. Mutter, ich kann's auch nicht,
Zum Hirten hat Natur mich nicht gebildet,
Rastlos muss ich ein flüchtig Ziel verfolgen,
Dann erst genieß ich meines Lebens recht,
Wenn ich mir's jeden Tag aufs Neu erbeute.

Hedwig.
Und an die Angst der Hausfrau denkst du nicht,
Die sich indessen, deiner wartend, härmt,
Denn mich erfüllt's mit Grausen, was die Knechte
Von euren Wagefahrten sich erzählen.
Bei jedem Abschied zittert mir das Herz,
Dass du mir nimmer werdest wiederkehren.
Ich sehe dich im wilden Eisgebirg,
Verirrt, von einer Klippe zu der andern
Den Fehlsprung tun, seh wie die Gemse dich
Rückspringend mit sich in den Abgrund reißt,
Wie eine Windlawine dich verschüttet,
Wie unter dir der trügerische Firn
Einbricht und du hinabsinkst, ein lebendig
Begrabner, in die schauerliche Gruft –
Ach, den verwegnen Alpenjäger hascht
Der Tod in hundert wechselnden Gestalten,
Das ist ein unglückseliges Gewerb,
Das halsgefährlich führt am Abgrund hin!

Tell. Wer frisch umherspäht mit gesunden Sinnen,
Auf Gott vertraut und die gelenke Kraft,
Der ringt sich leicht aus jeder Fahr und Not,
Den schreckt der Berg nicht, der darauf geboren.
Er hat seine Arbeit vollendet, legt das Gerät hinweg.

sich … härmt sich … sorgt

Wagefahrten waghalsigen Unternehmungen

Windlawine aus Pulverschnee bestehende Lawine, die von Windböen verursacht wird

der trügerische Firn Gletschereis, das zwar stabil wirkt, in Wirklichkeit aber brüchig ist

Fahr Gefahr

Jetzt, mein ich, hält das Tor auf Jahr und Tag.
Die Axt im Haus erspart den Zimmermann.
Nimmt den Hut.

Hedwig. Wo gehst du hin?

Tell. Nach Altdorf, zu dem Vater.

Hedwig. Sinnst du auch nichts Gefährliches? Gesteh mir's.

Tell. Wie kommst du darauf Frau?

Hedwig. Es spinnt sich etwas
Gegen die Vögte – Auf dem Rütli ward
Getagt, ich weiß, und du bist auch im Bunde.

Vater gemeint ist Walther Fürst, Tells Schwiegervater

Sinnst Planst

Es spinnt sich etwas Es ist etwas im Gange

Tell. Ich war nicht mit dabei – doch werd ich mich
Dem Lande nicht entziehen, wenn es ruft.

Hedwig. Sie werden dich hinstellen, wo Gefahr ist,
Das Schwerste wird dein Anteil sein, wie immer.

Tell. Ein jeder wird besteuert nach Vermögen.

Hedwig. Den Unterwaldner hast du auch im Sturme
Über den See geschafft – Ein Wunder war's,
Dass ihr entkommen – Dachtest du denn gar nicht
An Kind und Weib?

Tell. Lieb Weib, ich dacht an euch,
Drum rettet ich den Vater seinen Kindern.

Hedwig. Zu schiffen in dem wütgen See! Das heißt
Nicht Gott vertrauen! Das heißt Gott versuchen.

Tell. Wer gar zu viel bedenkt, wird wenig leisten.

Hedwig. Ja du bist gut und hilfreich, dienest allen,
Und wenn du selbst in Not kommst, hilft dir keiner.

Tell. Verhüt es Gott, dass ich nicht Hülfe brauche.
Er nimmt die Armbrust und Pfeile.

Hedwig. Was willst du mit der Armbrust? Lass sie hier.

Tell. Mir fehlt der Arm, wenn mir die Waffe fehlt.
Die Knaben kommen zurück.

Walther. Vater, wo gehst du hin?

Tell. Nach Altdorf, Knabe,

Zum Ehni – Willst du mit?
Walther. Ja freilich will ich.
Hedwig. Der Landvogt ist jetzt dort. Bleib weg von Altdorf.
Tell. Er geht, noch heute.
Hedwig. Drum lass ihn erst fort sein.
Gemahn' ihn nicht an dich, du weißt, er grollt uns.
Tell. Mir soll sein böser Wille nicht viel schaden,
Ich tue recht und scheue keinen Feind.
Hedwig. Die recht tun, eben die hasst er am meisten.
Tell. Weil er nicht an sie kommen kann – Mich wird
Der Ritter wohl in Frieden lassen, mein ich.
Hedwig. So, weißt du das?
Tell. Es ist nicht lange her,
Da ging ich jagen durch die wilden Gründe
Des Schächentals auf menschenleerer Spur,
Und da ich einsam einen Felsensteig
Verfolgte, wo nicht auszuweichen war,
Denn über mir hing schroff die Felswand her,
Und unten rauschte fürchterlich der Schächen,
Die Knaben drängen sich rechts und links an ihn und sehen mit gespannter Neugier an ihm hinauf.
Da kam der Landvogt gegen mich daher,
Er ganz allein mit mir, der auch allein war,
Bloß Mensch zu Mensch und neben uns der Abgrund.
Und als der Herre mein ansichtig ward,
Und mich erkannte, den er kurz zuvor
Um kleiner Ursach willen schwer gebüßt,
Und sah mich mit dem stattlichen Gewehr
Dahergeschritten kommen, da verblasst' er,
Die Knie versagten ihm, ich sah es kommen,
Dass er jetzt an die Felswand würde sinken.
– Da jammerte mich sein, ich trat zu ihm
Bescheidentlich und sprach: Ich bin's, Herr Landvogt.

Ehni (schweiz.) Großvater

Gemahn' ihn Erinnere ihn

Schächentals das Tal an den Ufern des Flusses Schächen im Kanton Uri

der Herre mein ansichtig ward der Herr mich erblickte

gebüßt bestraft

Gewehr Armbrust

verblasst' erblasste

jammerte mich sein tat er mir leid

Bescheidentlich Bedächtig, behutsam, vorsichtig

Er aber konnte keinen armen Laut
Aus seinem Munde geben – Mit der Hand nur
Winkt' er mir schweigend, meines Wegs zu gehn,
Da ging ich fort und sandt ihm sein Gefolge.

Hedwig. Er hat vor dir gezittert – Wehe dir!
Dass du ihn schwach gesehn, vergibt er nie.

Tell. Drum meid ich ihn, und er wird mich nicht suchen.

Hedwig. Bleib heute nur dort weg. Geh lieber jagen.

Tell. Was fällt dir ein?

Hedwig. Mich ängstigt's. Bleibe weg.

Tell. Wie kannst du dich so ohne Ursach quälen?

Hedwig. Weil's keine Ursach hat – Tell, bleibe hier.

Tell. Ich hab's versprochen, liebes Weib, zu kommen.

Hedwig. Musst du, so geh – Nur lasse mir den Knaben!

Walther. Nein, Mütterchen. Ich gehe mit dem Vater.

Hedwig. Wälty, verlassen willst du deine Mutter?

Walther. Ich bring dir auch was Hübsches mit vom Ehni.
Geht mit dem Vater.

Wilhelm. Mutter, ich bleibe bei dir!

Hedwig *umarmt ihn.* Ja, du bist
Mein liebes Kind, du bleibst mir noch allein!
Sie geht an das Hoftor, und folgt den Abgehenden lange mit den Augen.

Zweite Szene

Staubbäche Gebirgsbäche, deren Gischt wie feiner Staub aufsprüht

Eine eingeschlossene wilde Waldgegend, Staubbäche stürzen von den Felsen. **Bertha** *im Jagdkleid. Gleich darauf* **Rudenz.**

erklären ihm gegenüber offen aussprechen

Bertha. Er folgt mir. Endlich kann ich mich erklären.

Rudenz *tritt rasch ein.*
Fräulein, jetzt endlich find ich Euch allein,

Abgründe schließen ringsumher uns ein,
In dieser Wildnis fürcht ich keinen Zeugen,
Vom Herzen wälz ich dieses lange Schweigen –
Bertha. Seid Ihr gewiss, dass uns die Jagd nicht folgt?
Rudenz. Die Jagd ist dorthin aus – Jetzt oder nie!
Ich muss den teuren Augenblick ergreifen –
Entschieden sehen muss ich mein Geschick,
Und sollt es mich auf ewig von Euch scheiden.
– O waffnet Eure güt'gen Blicke nicht
Mit dieser finstern Strenge – Wer bin ich,
Dass ich den kühnen Wunsch zu Euch erhebe?
Mich hat der Ruhm noch nicht genannt, ich darf
Mich in die Reih nicht stellen mit den Rittern,
Die siegberühmt und glänzend Euch umwerben.
Nichts hab ich als mein Herz voll Treu und Liebe –

Jagd Jagdgesellschaft

dorthin aus dort hinaus

Bertha *ernst und streng.*
Dürft Ihr von Liebe reden und von Treue,
Der treulos wird an seinen nächsten Pflichten?
Rudenz tritt zurück.
Der Sklave Österreichs, der sich dem Fremdling
Verkauft, dem Unterdrücker seines Volks?
Rudenz.
Von Euch, mein Fräulein, hör ich diesen Vorwurf?
Wen such ich denn, als Euch auf jener Seite?
Bertha. Mich denkt Ihr auf der Seite des Verrats
Zu finden? Eher wollt ich meine Hand
Dem Geßler selbst, dem Unterdrücker schenken,
Als dem naturvergessnen Sohn der Schweiz,
Der sich zu seinem Werkzeug machen kann!
Rudenz. O Gott, was muss ich hören!
Bertha. Wie? Was liegt
Dem guten Menschen näher als die Seinen?
Gibt's schönre Pflichten für ein edles Herz,

naturvergessnen Sohn Sohn, der seine natürlichen Pflichten verletzt hat

Als ein Verteidiger der Unschuld sein,
Das Recht des Unterdrückten zu beschirmen?
– Die Seele blutet mir um Euer Volk,
Ich leide mit ihm, denn ich muss es lieben,
Das so bescheiden ist und doch voll Kraft,
Es zieht mein ganzes Herz mich zu ihm hin,
Mit jedem Tage lern ich's mehr verehren.
– Ihr aber, den Natur und Ritterpflicht
Ihm zum geborenen Beschützer gaben,
Und der's verlässt, der treulos übertritt
Zum Feind, und Ketten schmiedet seinem Land,
Ihr seid's, der mich verletzt und kränkt, ich muss
Mein Herz bezwingen, dass ich Euch nicht hasse.

Rudenz.
Will ich denn nicht das Beste meines Volks?
Ihm unter Östreichs mächt'gem Zepter nicht
Den Frieden –

Bertha. Knechtschaft wollt Ihr ihm bereiten!
Die Freiheit wollt Ihr aus dem letzten Schloss,
Das ihr noch auf der Erde blieb, verjagen.
Das Volk versteht sich besser auf sein Glück,
Kein Schein verführt sein sicheres Gefühl,
Euch haben sie das Netz ums Haupt geworfen –

Rudenz. Bertha! Ihr hasst mich, Ihr verachtet mich!

Bertha. Tät ich's, mir wäre besser – Aber den
Verachtet sehen und verachtungswert,
Den man gern lieben möchte –

Rudenz. Bertha! Bertha!
Ihr zeiget mir das höchste Himmelsglück,
Und stürzt mich tief in Einem Augenblick.

Bertha. Nein, nein, das Edle ist nicht ganz erstickt
In Euch! Es schlummert nur, ich will es wecken,
Ihr müsst Gewalt ausüben an Euch selbst,

Die angestammte Tugend zu ertöten,
Doch wohl Euch, sie ist mächtiger als Ihr,
Und trotz Euch selber seid Ihr gut und edel!

Rudenz. Ihr glaubt an mich! O Bertha, alles lässt
Mich Eure Liebe sein und werden!

Bertha. Seid
Wozu die herrliche Natur Euch machte!
Erfüllt den Platz, wohin sie Euch gestellt,
Zu Eurem Volke steht und Eurem Lande,
Und kämpft für Euer heilig Recht.

Rudenz. Weh mir!
Wie kann ich Euch erringen, Euch besitzen,
Wenn ich der Macht des Kaisers widerstrebe?
Ist's der Verwandten mächt'ger Wille nicht,
Der über Eure Hand tyrannisch waltet?

über Eure Hand tyrannisch waltet bestimmt, wen Ihr zum Mann nehmen müsst

Bertha. In den Waldstätten liegen meine Güter,
Und ist der Schweizer frei, so bin auch ich's.

Rudenz. Bertha! welch einen Blick tut Ihr mir auf!

Bertha.
Hofft nicht durch Östreichs Gunst mich zu erringen,
Nach meinem Erbe strecken sie die Hand,
Das will man mit dem großen Erb' vereinen.
Dieselbe Ländergier, die Eure Freiheit
Verschlingen will, sie drohet auch der meinen!
– O Freund, zum Opfer bin ich ausersehn,
Vielleicht um einen Günstling zu belohnen –
Dort wo die Falschheit und die Ränke wohnen,
Hin an den Kaiserhof will man mich ziehn,
Dort harren mein verhasster Ehe Ketten,
Die Liebe nur – die Eure kann mich retten!

Ränke Ränkespiele, Intrigen

harren mein warten meiner, warten auf mich

Rudenz.
Ihr könntet Euch entschließen, hier zu leben,
In meinem Vaterlande mein zu sein?

O Bertha, all mein Sehnen in das Weite,
Was war es, als ein Streben nur nach Euch?
Euch sucht' ich einzig auf dem Weg des Ruhms,
Und all mein Ehrgeiz war nur meine Liebe.
Könnt Ihr mit mir Euch in dies stille Tal
Einschließen und der Erde Glanz entsagen –
O dann ist meines Strebens Ziel gefunden,
Dann mag der Strom der wildbewegten Welt
Ans sichre Ufer dieser Berge schlagen –
Kein flüchtiges Verlangen hab ich mehr
Hinauszusenden in des Lebens Weiten –
Dann mögen diese Felsen um uns her
Die undurchdringlich feste Mauer breiten,
Und dies verschlossne sel'ge Tal allein
Zum Himmel offen und gelichtet sein!

breiten ausbreiten, aufrichten

gelichtet lichterfüllt

Bertha.

Jetzt bist du ganz, wie dich mein ahnend Herz
Geträumt, mich hat mein Glaube nicht betrogen!

Rudenz.

Fahr hin, du eitler Wahn, der mich betört!
Ich soll das Glück in meiner Heimat finden.
Hier wo der Knabe fröhlich aufgeblüht,
Wo tausend Freudespuren mich umgeben,
Wo alle Quellen mir und Bäume leben,
Im Vaterland willst du die Meine werden!
Ach, wohl hab ich es stets geliebt! Ich fühl's,
Es fehlte mir zu jedem Glück der Erden.

Bertha.

Wo wär die sel'ge Insel aufzufinden,
Wenn sie nicht hier ist in der Unschuld Land?
Hier, wo die alte Treue heimisch wohnt,
Wo sich die Falschheit noch nicht hingefunden,
Da trübt kein Neid die Quelle unsers Glücks,

sel'ge Insel ein paradiesischer Ort des Glücks; Insel der Seligen, die in der griechischen Mythologie den von Zeus geliebten Göttersöhnen und Heroen zugedacht war

Und ewig hell entfliehen uns die Stunden.
– Da seh ich Dich im echten Männerwert,
Den Ersten von den Freien und den Gleichen,
Mit reiner freier Huldigung verehrt,
Groß wie ein König wirkt in seinen Reichen.

Rudenz.
Da seh ich dich, die Krone aller Frauen,
In weiblich reizender Geschäftigkeit,
In meinem Haus den Himmel mir erbauen,
Und, wie der Frühling seine Blumen streut,
Mit schöner Anmut mir das Leben schmücken,
Und alles rings beleben und beglücken!

Bertha.
Sieh, teurer Freund, warum ich trauerte,
Als ich dies höchste Lebensglück dich selbst
Zerstören sah – Weh mir! Wie stünd's um mich,
Wenn ich dem stolzen Ritter müsste folgen,
Dem Landbedrücker auf sein finstres Schloss!
– Hier ist kein Schloss. Mich scheiden keine Mauern
Von einem Volk, das ich beglücken kann!

stolzen anmaßenden, selbstherrlichen

Landbedrücker Unterdrücker des Landes

Rudenz.
Doch wie mich retten – wie die Schlinge lösen,
Die ich mir törigt selbst ums Haupt gelegt?

Bertha. Zerreiße sie mit männlichem Entschluss!
Was auch draus werde – Steh zu deinem Volk,
Es ist dein angeborner Platz.
Jagdhörner in der Ferne.
Die Jagd
Kommt näher – Fort, wir müssen scheiden – Kämpfe
Fürs Vaterland, du kämpfst für deine Liebe!
Es ist Ein Feind, vor dem wir alle zittern,
Und Eine Freiheit macht uns alle frei!
Gehen ab.

Dritte Szene

Wiese bei Altdorf. Im Vordergrund Bäume, in der Tiefe der Hut auf einer Stange. Der Prospekt wird begrenzt durch den Bannberg, über welchem ein Schneegebirg emporragt.

Bannberg Berg, dessen Waldbestand aus Gründen des Lawinenschutzes nicht geschlagen werden darf

Frießhardt *und* **Leuthold** *halten Wache.*

Reverenz Ehrerbietung

Anger Wiese, Weide

Popanz Schreckgespenst

Frießhardt. Wir passen auf umsonst. Es will sich niemand
Heranbegeben und dem Hut sein' Reverenz
Erzeigen. 's war doch sonst wie Jahrmarkt hier,
Jetzt ist der ganze Anger wie verödet,
Seitdem der Popanz auf der Stange hängt.

Leuthold.
Nur schlecht Gesindel lässt sich sehn und schwingt
Uns zum Verdrieße die zerlumpten Mützen.
Was rechte Leute sind, die machen lieber
Den langen Umweg um den halben Flecken,
Eh sie den Rücken beugten vor dem Hut.

Frießhardt. Sie müssen über diesen Platz, wenn sie
Vom Rathaus kommen um die Mittagstunde.
Da meint ich schon, 'nen guten Fang zu tun,
Denn keiner dachte dran, den Hut zu grüßen.
Da sieht's der Pfaff, der Rösselmann – kam just
Von einem Kranken her – und stellt sich hin
Mit dem Hochwürdigen, grad vor die Stange –
Der Sigrist musste mit dem Glöcklein schellen,
Da fielen all aufs Knie, ich selber mit,
Und grüßten die Monstranz, doch nicht den Hut. –

just eben, gerade

dem Hochwürdigen der geweihten Hostie, die den Leib Christi symbolisiert

Monstranz kostbares Gefäß, in dem die Hostie aufbewahrt wird

Leuthold. Höre Gesell, es fängt mir an zu deuchten,
Wir stehen hier am Pranger vor dem Hut,
's ist doch ein Schimpf für einen Reitersmann,
Schildwach zu stehn vor einem leeren Hut –

zu deuchten klar zu werden

Pranger Schandpfahl

Und jeder rechte Kerl muss uns verachten.
– Die Reverenz zu machen einem Hut,
Es ist doch traun! ein närrischer Befehl!
Frießhardt. Warum nicht einem leeren hohlen Hut?
Bückst du dich doch vor manchem hohlen Schädel.

traun! wahrhaftig, wahrlich; Ausdruck der Bekräftigung

Hildegard, Mechthild *und* **Elsbeth** *treten auf mit Kindern und stellen sich um die Stange.*

Leuthold. Und du bist auch so ein dienstfert'ger Schurke,
Und brächtest wackre Leute gern ins Unglück.
Mag, wer da will, am Hut vorübergehn,
Ich drück die Augen zu und seh nicht hin.
Mechthild.
Da hängt der Landvogt – Habt Respekt, ihr Buben.
Elsbeth. Wollt's Gott, er ging, und ließ uns seinen Hut,
Es sollte drum nicht schlechter stehn ums Land!
Frießhardt *verscheucht sie.*
Wollt ihr vom Platz? Verwünschtes Volk der Weiber!
Wer fragt nach euch? Schickt eure Männer her,
Wenn sie der Mut sticht, dem Befehl zu trotzen.
Weiber gehen.

Wenn sie der Mut sticht Wenn sie so mutig sind

Tell *mit der Armbrust tritt auf, den* **Knaben** *an der Hand führend. Sie gehen an dem Hut vorbei gegen die vordere Szene, ohne darauf zu achten.*

Walther *zeigt nach dem Bannberg.*
Vater ist's wahr, dass auf dem Berge dort
Die Bäume bluten, wenn man einen Streich
Drauf führte mit der Axt?
Tell. Wer sagt das Knabe?
Walther. Der Meister Hirt erzählt's – Die Bäume seien

Gebannt, sagt er, und wer sie schädige,
Dem wachse sein Hand heraus zum Grabe.

gebannt gesetzlich geschützt

Tell. Die Bäume sind gebannt, das ist die Wahrheit.
– Siehst du die Firnen dort, die weißen Hörner,
Die hoch bis in den Himmel sich verlieren?

Walther.
Das sind die Gletscher, die des Nachts so donnern,
Und uns die Schlaglawinen niedersenden.

Schlaglawinen Eis- und Gerölllawinen

Tell. So ist's, und die Lawinen hätten längst
Den Flecken Altdorf unter ihrer Last
Verschüttet, wenn der Wald dort oben nicht
Als eine Landwehr sich dagegenstellte.

Landwehr Bollwerk, Schutzwall

Walther *nach einigem Besinnen.*
Gibt's Länder, Vater, wo nicht Berge sind?

Tell. Wenn man hinuntersteigt von unsern Höhen,
Und immer tiefer steigt, den Strömen nach,
Gelangt man in ein großes ebnes Land,
Wo die Waldwasser nicht mehr brausend schäumen,
Die Flüsse ruhig und gemächlich ziehn,
Da sieht man frei nach allen Himmelsräumen,
Das Korn wächst dort in langen schönen Auen,
Und wie ein Garten ist das Land zu schauen.

ein großes ebnes Land Gemeint sind vermutlich die deutschen Länder.

Auen von Wasserläufen durchzogene, fruchtbare Wiesen

Walther. Ei Vater, warum steigen wir denn nicht
Geschwind hinab in dieses schöne Land,
Statt dass wir uns hier ängstigen und plagen?

Tell. Das Land ist schön und gütig wie der Himmel,
Doch die's bebauen, sie genießen nicht
Den Segen, den sie pflanzen.

Walther. Wohnen sie
Nicht frei wie du auf ihrem eignen Erbe?

Tell. Das Feld gehört dem Bischof und dem König.

Walther. So dürfen sie doch frei in Wäldern jagen?

Tell. Dem Herrn gehört das Wild und das Gefieder.

Gefieder Federvieh, Vögel

Walther. Sie dürfen doch frei fischen in dem Strom?
Tell. Der Strom, das Meer, das Salz gehört dem König.
Walther. Wer i s t der König denn, den alle fürchten?
Tell. Es ist der Eine, der sie schützt und nährt.
Walther. Sie können sich nicht mutig selbst beschützen?
Tell. Dort darf der Nachbar nicht dem Nachbar trauen.
Walther. Vater, es wird mir eng im weiten Land,
Da wohn ich lieber unter den Lawinen.
Tell. Ja wohl ist's besser, Kind, die Gletscherberge
Im Rücken haben, als die bösen Menschen.
Sie wollen vorübergehen.
Walther. Ei Vater, sieh den Hut dort auf der Stange.
Tell. Was kümmert uns der Hut? Komm, lass uns gehen.
Indem er abgehen will, tritt ihm Frießhardt mit vorgehaltner Pike entgegen.
Frießhardt. In des Kaisers Namen! Haltet an und steht!
Tell *greift in die Pike.*
Was wollt Ihr? Warum haltet Ihr mich auf?
Frießhardt.
Ihr habt's Mandat verletzt, Ihr müsst uns folgen.
Leuthold. Ihr habt dem Hut nicht Reverenz bewiesen.
Tell. Freund, lass mich gehen.
Frießhardt. Fort, fort ins Gefängnis!
Walther. Den Vater ins Gefängnis! Hülfe! Hülfe!
In die Szene rufend.
Herbei, ihr Männer, gute Leute helft,
Gewalt, Gewalt, sie führen ihn gefangen.

Pike Langspieß; Waffe der Fußsoldaten im späten Mittelalter

Mandat gesetzliche Verordnung, behördlicher Erlass

Rösselmann der Pfarrer *und* **Petermann der Sigrist,**
kommen herbei, mit drei andern Männern.

Sigrist. Was gibt's?
Rösselmann. Was legst du Hand an diesen Mann?

Frießhardt. Er ist ein Feind des Kaisers, ein Verräter!
Tell *fasst ihn heftig.*
Ein Verräter, ich!
Rösselmann. Du irrst dich Freund, das ist
Der Tell, ein Ehrenmann und guter Bürger.
Walther *erblickt Walther Fürsten und eilt ihm entgegen.*
Großvater hilf, Gewalt geschieht dem Vater.
Frießhardt.
Ins Gefängnis, fort!
Walther Fürst *herbeieilend.*
Ich leiste Bürgschaft, haltet!
– Um Gotteswillen, Tell, was ist geschehen?

leiste Bürgschaft garantiere mit meinem Besitz (oder: guten Namen), dass der Beschuldigte sich der gerichtlichen Untersuchung stellen und nicht fliehen wird

Melchthal *und* **Stauffacher** *kommen.*

Frießhardt. Des Landvogts oberherrliche Gewalt
Verachtet er, und will sie nicht erkennen.
Stauffacher.
Das hätt der Tell getan?
Melchthal. Das lügst du Bube!
Leuthold. Er hat dem Hut nicht Reverenz bewiesen.
Walther Fürst. Und darum soll er ins Gefängnis? Freund,
Nimm meine Bürgschaft an und lass ihn ledig.
Frießhardt. Bürg du für dich und deinen eignen Leib!
Wir tun, was unsers Amtes – Fort mit ihm!

oberherrliche übergeordnete, in Vertretung des Fürsten ausgeübte

erkennen anerkennen

ledig frei

Melchthal *zu den Landleuten.*
Nein, das ist schreiende Gewalt! Ertragen wir's,
Dass man ihn fortführt, frech, vor unsern Augen?
Sigrist. Wir sind die Stärkern. Freunde, duldet's nicht,
Wir haben einen Rücken an den andern!
Frießhardt. Wer widersetzt sich dem Befehl des Vogts?
Noch drei Landleute *herbeieilend.*
Wir helfen euch. Was gibt's? Schlagt sie zu Boden.

Wir haben einen Rücken an den andern! Wir schützen einander, wir stehen füreinander ein!

Hildegard, Mechthild *und* **Elsbeth** *kommen zurück.*

Tell. Ich helfe mir schon selbst. Geht, gute Leute,
Meint ihr, wenn ich die Kraft gebrauchen wollte,
Ich würde mich vor ihren Spießen fürchten?

Melchthal *zu Frießhardt.*
Wag's, ihn aus unsrer Mitte wegzuführen!

Walther Fürst und Stauffacher.
Gelassen! Ruhig!

Frießhardt *schreit.* Aufruhr und Empörung!
Man hört Jagdhörner.

Weiber. Da kommt der Landvogt!

Frießhardt *erhebt die Stimme.* Meuterei! Empörung!

Stauffacher.
Schrei, bis du berstest, Schurke!

berstest zerspringst, zerplatzt

Rösselmann und Melchthal. Willst du schweigen?

Frießhardt *ruft noch lauter.*
Zu Hülf, zu Hülf den Dienern des Gesetzes.

Walther Fürst.
Da ist der Vogt! Weh uns, was wird das werden!

Geßler *zu Pferd, den Falken auf der Faust,* **Rudolph der Harras, Bertha** *und* **Rudenz**, *ein großes Gefolge von bewaffneten Knechten, welche einen Kreis von Piken um die ganze Szene schließen.*

den Falken auf der Faust Die Jagd mit dafür abgerichteten Falken war ein Statussymbol des Adels.

Rudolph der Harras.
Platz, Platz dem Landvogt!

Geßler. Treibt sie auseinander!
Was läuft das Volk zusammen? Wer ruft Hilfe?
Allgemeine Stille.
Wer war's? Ich will es wissen.
Zu Frießhardt. Du tritt vor!

Wer bist du und was hältst du diesen Mann?
Er gibt den Falken einem Diener.

Frießhardt. Gestrenger Herr, ich bin dein Waffenknecht
Und wohl bestellter Wächter bei dem Hut.

über auf

Diesen Mann ergriff ich über frischer Tat,
Wie er dem Hut den Ehrengruß versagte.
Verhaften wollt ich ihn, wie du befahlst,
Und mit Gewalt will ihn das Volk entreißen.

Geßler *nach einer Pause.*
Verachtest du so deinen Kaiser, Tell,
Und Mich, der hier an seiner Statt gebietet,
Dass du die Ehr' versagst dem Hut, den ich
Zur Prüfung des Gehorsams aufgehangen?
Dein böses Trachten hast du mir verraten.

Tell. Verzeiht mir lieber Herr! Aus Unbedacht,
Nicht aus Verachtung Eurer ist's geschehn,
Wär ich besonnen, hieß ich nicht der Tell,
Ich bitt um Gnad, es soll nicht mehr begegnen.

Wär ich besonnen, hieß ich nicht der Tell In Schillers Quelle Tschudi wird der Name Tell abgeleitet von ›dahlen, dallen, tallen‹: ›einfältige, kindische Dinge reden und tun‹.

Geßler *nach einigem Stillschweigen.*
Du bist ein Meister auf der Armbrust, Tell,
Man sagt, du nähmst es auf mit jedem Schützen?

Walther Tell.
Und das muss wahr sein, Herr – 'nen Apfel schießt
Der Vater dir vom Baum auf hundert Schritte.

begegnen vorkommen

Geßler. Ist das dein Knabe, Tell?

Tell. Ja, lieber Herr.

Geßler. Hast du der Kinder mehr?

Tell. Zwei Knaben, Herr.

Geßler. Und welcher ist's, den du am meisten liebst?

Tell. Herr, beide sind sie mir gleich liebe Kinder.

Geßler. Nun Tell! Weil du den Apfel triffst vom Baume
Auf hundert Schritte, so wirst du deine Kunst
Vor mir bewähren müssen – Nimm die Armbrust –

bewähren beweisen

Du hast sie gleich zur Hand – und mach dich fertig,
Einen Apfel von des Knaben Kopf zu schießen –
Doch will ich raten, ziele gut, dass du
Den Apfel treffest auf den ersten Schuss,
Denn fehlst du ihn, so ist dein Kopf verloren.
Alle geben Zeichen des Schreckens.

Tell. Herr – Welches Ungeheure sinnet Ihr
Mir an – Ich soll vom Haupte meines Kindes –
– Nein, nein doch, lieber Herr, das kömmt Euch nicht
Zu Sinn – Verhüt's der gnäd'ge Gott – das könnt Ihr
Im Ernst von einem Vater nicht begehren!

Geßler. Du wirst den Apfel schießen von dem Kopf
Des Knaben – Ich begehr's und will's.

Tell. Ich soll
Mit meiner Armbrust auf das liebe Haupt
Des eignen Kindes zielen – Eher sterb ich!

Geßler. Du schießest oder stirbst mit deinem Knaben.

Tell. Ich soll der Mörder werden meines Kinds!
Herr, Ihr habt keine Kinder – wisset nicht,
Was sich bewegt in eines Vaters Herzen.

Geßler. Ei Tell, du bist ja plötzlich so besonnen!
Man sagte mir, dass du ein Träumer seist,
Und dich entfernst von andrer Menschen Weise.
Du liebst das Seltsame – Drum hab ich jetzt
Ein eigen Wagstück für dich ausgesucht.
Ein andrer wohl bedächte sich – Du drückst
Die Augen zu, und greifst es herzhaft an.

Bertha. Scherzt nicht, o Herr! mit diesen armen Leuten!
Ihr seht sie bleich und zitternd stehn – So wenig
Sind sie Kurzweils gewohnt aus Eurem Munde.

Geßler. Wer sagt Euch, dass ich scherze?
Greift nach einem Baumzweige, der über ihn herhängt.
Hier ist der Apfel.

fehlst verfehlst

Zu In den

Weise Art und Weise, Lebensweise

eigen ganz eigenes, besonderes

Kurzweils Kurzweil, Scherz, Unterhaltung

Weite Abstand, Entfernung

Man mache Raum – Er nehme seine Weite,
Wie's Brauch ist – Achtzig Schritte geb ich ihm –
Nicht weniger, noch mehr – Er rühmte sich,
Auf ihrer hundert seinen Mann zu treffen –
Jetzt Schütze triff, und fehle nicht das Ziel!

Rudolph der Harras.

Gott, das wird ernsthaft – Falle nieder Knabe,
Es gilt, und fleh den Landvogt um dein Leben.

Es gilt Jetzt geht es um alles

Walther Fürst *beiseite zu Melchthal, der kaum seine Ungeduld bezwingt.*

Haltet an Euch, ich fleh Euch drum, bleibt ruhig.

Bertha *zum Landvogt.*

Lasst es genug sein Herr! Unmenschlich ist's,
Mit eines Vaters Angst also zu spielen.
Wenn dieser arme Mann auch Leib und Leben
Verwirkt durch seine leichte Schuld, bei Gott!
Er hätte jetzt zehnfachen Tod empfunden.
Entlasst ihn ungekränkt in seine Hütte,
Er hat Euch kennen lernen, dieser Stunde
Wird er und seine Kindeskinder denken.

also auf solche Weise

Verwirkt Verwirkt hätte

ungekränkt unbehelligt

hat Euch kennen lernen hat Eure Autorität erlebt

dieser an diese

Geßler. Öffnet die Gasse – Frisch! Was zauderst du?
Dein Leben ist verwirkt, ich kann dich töten,
Und sieh, ich lege gnädig dein Geschick
In deine eigne kunstgeübte Hand.
Der kann nicht klagen über harten Spruch,
Den man zum Meister seines Schicksals macht.
Du rühmst dich deines sichern Blicks! Wohlan!
Hier gilt es, Schütze, deine Kunst zu zeigen
Das Ziel ist würdig und der Preis ist groß!
Das Schwarze treffen in der Scheibe, das
Kann auch ein andrer, der ist mir der Meister,
Der seiner Kunst gewiss ist überall,
Dem's Herz nicht in die Hand tritt noch ins Auge.

kunstgeübte in der Kunst des Schießens geübte

Spruch Urteilsspruch

Dem's Herz … noch ins Auge. Der in jeder Situation kühlen Kopf bewahrt.

Walther Fürst *wirft sich vor ihm nieder.*
Herr Landvogt, wir erkennen Eure Hoheit,
Doch lasset Gnad vor Recht ergehen, nehmt
Die Hälfte meiner Habe, nehmt sie ganz,
Nur dieses Grässliche erlasset einem Vater!

Walther Tell.
Großvater, knie nicht vor dem falschen Mann!
Sagt, wo ich hinstehn soll, ich fürcht mich nicht,
Der Vater trifft den Vogel ja im Flug,
Er wird nicht fehlen auf das Herz des Kindes.

Stauffacher.
Herr Landvogt, rührt Euch nicht des Kindes Unschuld?

Rösselmann. O denket, dass ein Gott im Himmel ist,
Dem Ihr müsst Rede stehn für Eure Taten.

Geßler *zeigt auf den Knaben.*
Man bind ihn an die Linde dort!

Walther Tell. Mich binden!
Nein, ich will nicht gebunden sein. Ich will
Still halten, wie ein Lamm und auch nicht atmen.
Wenn ihr mich bindet, nein, so kann ich's nicht,
So werd ich toben gegen meine Bande.

Rudolph der Harras.
Die Augen nur lass dir verbinden, Knabe.

Walther Tell. Warum die Augen? Denket Ihr, ich fürchte
Den Pfeil von Vaters Hand? Ich will ihn fest
Erwarten, und nicht zucken mit den Wimpern.
– Frisch Vater, zeig's, dass du ein Schütze bist,
Er glaubt dir's nicht, er denkt uns zu verderben –
Dem Wütrich zum Verdrusse, schieß und triff.
Er geht an die Linde, man legt ihm den Apfel auf.

Melchthal *zu den Landleuten.*
Was? Soll der Frevel sich vor unsern Augen
Vollenden? Wozu haben wir geschworen?

Stauffacher. Es ist umsonst. Wir haben keine Waffen,
Ihr seht den Wald von Lanzen um uns her.
Melchthal. O hätten wir's mit frischer Tat vollendet,
Verzeih's Gott denen, die zum Aufschub rieten!

die zum Aufschub rieten Gemeint sind die Leute aus Unterwalden.

Geßler *zum Tell.*
Ans Werk! Man führt die Waffen nicht vergebens.
Gefährlich ist's, ein Mordgewehr zu tragen,
Und auf den Schützen springt der Pfeil zurück.
Dies stolze Recht, das sich der Bauer nimmt,
Beleidiget den höchsten Herrn des Landes.
Gewaffnet sei Niemand, als wer gebietet.
Freut's euch, den Pfeil zu führen und den Bogen,
Wohl, so will ich das Ziel euch dazu geben.
Tell *spannt die Armbrust und legt den Pfeil auf.*
Öffnet die Gasse! Platz!
Stauffacher.
Was Tell? Ihr wolltet – Nimmermehr – Ihr zittert,
Die Hand erbebt Euch, Eure Knie wanken –
Tell *lässt die Armbrust sinken.*
Mir schwimmt es vor den Augen!
Weiber. Gott im Himmel!
Tell *zum Landvogt.*
Erlasset mir den Schuss. Hier ist mein Herz!
Er reißt die Brust auf.
Ruft Eure Reisigen und stoßt mich nieder.
Geßler. Ich will dein Leben nicht, ich will den Schuss.
– Du kannst ja alles, Tell, an nichts verzagst du,
Das Steuerruder führst du wie den Bogen,
Dich schreckt kein Sturm, wenn es zu retten gilt,
Jetzt Retter hilf dir selbst – du rettest alle!
Tell steht in fürchterlichem Kampf, mit den Händen zuckend, und die rollenden Augen bald auf den Landvogt, bald zum Himmel gerichtet – Plötzlich greift er in seinen

Jetzt Retter hilf dir selbst vgl. Lukas 23,35 (die Pharisäer verspotten Jesus am Kreuz)

Köcher, nimmt einen zweiten Pfeil heraus und steckt ihn in seinen Goller. Der Landvogt bemerkt alle diese Bewegungen.

Goller Wams, Weste

Walther Tell *unter der Linde.*
Vater schieß zu, ich fürcht mich nicht.

Tell. Es muss!
Er rafft sich zusammen und legt an.

Rudenz *der die ganze Zeit über in der heftigsten Spannung gestanden und mit Gewalt an sich gehalten, tritt hervor.*
Herr Landvogt, weiter werdet Ihr's nicht treiben,
Ihr werdet nicht – Es war nur eine Prüfung –
Den Zweck habt Ihr erreicht – Zu weit getrieben
Verfehlt die Strenge ihres weisen Zwecks,
Und allzu straff gespannt zerspringt der Bogen.

Geßler. Ihr schweigt, bis man Euch aufruft.

Rudenz. Ich will reden,
Ich darf's, des Königs Ehre ist mir heilig,
Doch solches Regiment muss Hass erwerben.
Das ist des Königs Wille nicht – Ich darf's
Behaupten – Solche Grausamkeit verdient
Mein Volk nicht, dazu habt Ihr keine Vollmacht.

Geßler. Ha, Ihr erkühnt Euch!

Rudenz. Ich hab stillgeschwiegen
Zu allen schweren Taten, die ich sah,
Mein sehend Auge hab ich zugeschlossen,
Mein überschwellend und empörtes Herz
Hab ich hinabgedrückt in meinen Busen.
Doch länger schweigen wär Verrat zugleich
An meinem Vaterland und an dem Kaiser.

Bertha *wirft sich zwischen ihn und den Landvogt.*
O Gott, Ihr reizt den Wütenden noch mehr.

Rudenz. Mein Volk verließ ich, meinen Blutsverwandten
Entsagt ich, alle Bande der Natur

Zerriss ich, um an Euch mich anzuschließen –
Das Beste aller glaubt ich zu befördern,
Da ich des Kaisers Macht befestigte –
Die Binde fällt von meinen Augen – Schaudernd
Seh ich an einen Abgrund mich geführt –
Mein freies Urteil habt Ihr irrgeleitet,
Mein redlich Herz verführt – Ich war daran,
Mein Volk in bester Meinung zu verderben.

Geßler. Verwegner, diese Sprache deinem Herrn?

Rudenz. Der Kaiser ist mein Herr, nicht Ihr – Frei bin ich
Wie Ihr geboren, und ich messe mich
Mit Euch in jeder ritterlichen Tugend.
Und stündet Ihr nicht hier in Kaisers Namen,
Den ich verehre, selbst wo man ihn schändet,
Den Handschuh wärf ich vor Euch hin, Ihr solltet
Nach ritterlichem Brauch mir Antwort geben.
– Ja winkt nur Euren Reisigen – Ich stehe
Nicht wehrlos da, wie die –
Auf das Volk zeigend.
Ich hab ein Schwert,
Und wer mir naht –

Stauffacher *ruft.* Der Apfel ist gefallen!

Indem sich alle nach dieser Seite gewendet und Bertha zwischen Rudenz und den Landvogt sich geworfen, hat Tell den Pfeil abgedrückt.

Rösselmann. Der Knabe lebt!

Viele Stimmen. Der Apfel ist getroffen!

Walther Fürst schwankt und droht zu sinken, Bertha hält ihn.

Geßler *erstaunt.* Er hat geschossen? Wie? der Rasende!

Bertha. Der Knabe lebt! kommt zu Euch, guter Vater!

Walther Tell *kommt mit dem Apfel gesprungen.*
Vater, hier ist der Apfel – Wusst ich's ja,
Du würdest deinen Knaben nicht verletzen.

Da Indem

ihn schändet ihm Unehre macht

Den Handschuh wärf ich den Fehdehandschuh würfe ich (der dem Gegner als Aufforderung zum Zweikampf vor die Füße geschleudert wurde)

Tell stand mit vorgebognem Leib, als wollt er dem Pfeil folgen – die Armbrust entsinkt seiner Hand – wie er den Knaben kommen sieht, eilt er ihm mit ausgebreiteten Armen entgegen, und hebt ihn mit heftiger Inbrunst zu seinem Herzen hinauf, in dieser Stellung sinkt er kraftlos zusammen. Alle stehen gerührt.

Bertha. O güt'ger Himmel!

Walther Fürst *zu Vater und Sohn.*
Kinder! meine Kinder!

Stauffacher. Gott sei gelobt!

Leuthold. Das war ein Schuss! Davon
Wird man noch reden in den spät'sten Zeiten.

Rudolph der Harras.
Erzählen wird man von dem Schützen Tell,
Solang die Berge stehn auf ihrem Grunde.
Reicht dem Landvogt den Apfel.

Geßler. Bei Gott, der Apfel mittendurch geschossen!
Es war ein Meisterschuss, ich muss ihn loben.

Rösselmann. Der Schuss war gut, doch wehe dem, der ihn
Dazu getrieben, dass er Gott versuchte.

Stauffacher.
Kommt zu Euch, Tell, steht auf, Ihr habt Euch männlich
Gelöst, und frei könnt Ihr nach Hause gehen.

Gelöst Aus der Klemme befreit

Rösselmann.
Kommt, kommt und bringt der Mutter ihren Sohn.
Sie wollen ihn wegführen.

Geßler. Tell, höre!

Tell *kommt zurück.* Was befehlt Ihr, Herr?

Geßler. Du stecktest
Noch einen zweiten Pfeil zu dir – Ja, ja,
Ich sah es wohl – Was meintest du damit?

Tell *verlegen.*
Herr, das ist also bräuchlich bei den Schützen.

also bräuchlich so üblich

Geßler. Nein Tell, die Antwort lass ich dir nicht gelten,
Es wird was anders wohl bedeutet haben.
Sag mir die Wahrheit frisch und fröhlich, Tell,
Was es auch sei, dein Leben sichr' ich dir.
Wozu der zweite Pfeil?
Tell. Wohlan, o Herr,
Weil Ihr mich meines Lebens habt gesichert,
So will ich Euch die Wahrheit gründlich sagen.
Er zieht den Pfeil aus dem Goller und sieht den Landvogt mit einem furchtbaren Blick an.

> *durchschoss ich – Euch* hätte ich Euch erschossen

Mit diesem zweiten Pfeil durchschoss ich – Euch,
Wenn ich mein liebes Kind getroffen hätte,
Und Eurer – wahrlich! hätt ich nicht gefehlt.
Geßler. Wohl, Tell! Des Lebens hab ich dich gesichert,
Ich gab mein Ritterwort, das will ich halten –
Doch weil ich deinen bösen Sinn erkannt,

> *führen lassen und verwahren* abführen und einsperren lassen

Will ich dich führen lassen und verwahren,
Wo weder Mond noch Sonne dich bescheint,
Damit ich sicher sei vor deinen Pfeilen.
Ergreift ihn, Knechte! Bindet ihn!
Tell wird gebunden.
Stauffacher. Wie, Herr?
So könntet Ihr an einem Manne handeln,
An dem sich Gottes Hand sichtbar verkündigt?
Geßler. Lass sehn, ob sie ihn zweimal retten wird.
– Man bring ihn auf mein Schiff, ich folge nach
Sogleich, ich selbst will ihn nach Küßnacht führen.

> *Das dürft Ihr nicht … Freiheitsbriefen!* → Seite 148

Rösselmann. Das dürft Ihr nicht, das darf der Kaiser nicht,
Das widerstreitet unsern Freiheitsbriefen!
Geßler. Wo sind sie? Hat der Kaiser sie bestätigt?
Er hat sie nicht bestätigt – Diese Gunst
Muss erst erworben werden durch Gehorsam.
Rebellen seid ihr alle gegen Kaisers

Gericht und nährt verwegene Empörung.
Ich kenn euch alle – ich durchschau euch ganz –
Den nehm ich jetzt heraus aus eurer Mitte,
Doch alle seid ihr teilhaft seiner Schuld,
Wer klug ist, lerne schweigen und gehorchen.
Er entfernt sich, Bertha, Rudenz, Harras und Knechte folgen, Frießhardt und Leuthold bleiben zurück.

Walther Fürst *in heftigem Schmerz.*
Es ist vorbei, er hat's beschlossen, mich
Mit meinem ganzen Hause zu verderben!

Stauffacher *zum Tell.*
O warum musstet Ihr den Wüt'rich reizen!

Tell. Bezwinge sich, wer meinen Schmerz gefühlt!

Stauffacher. O nun ist alles, alles hin! Mit Euch
Sind wir gefesselt alle und gebunden!

Landleute *umringen den Tell.*
Mit Euch geht unser letzter Trost dahin!

Leuthold *nähert sich.*
Tell, es erbarmt mich – doch ich muss gehorchen.

Tell. Lebt wohl!

Walther Tell *sich mit heftigem Schmerz an ihn schmiegend.*
O Vater! Vater! Lieber Vater!

Tell *hebt die Arme zum Himmel.*
Dort droben ist dein Vater! den ruf an!

Stauffacher. Tell, sag ich Eurem Weibe nichts von Euch?

Tell *hebt den Knaben mit Inbrunst an seine Brust.*
Der Knab ist unverletzt, mir wird Gott helfen.
Reißt sich schnell los und folgt den Waffenknechten.

Vierter Aufzug

Erste Szene

Östliches Ufer des Vierwaldstättensees, die seltsam gestalteten schroffen Felsen im Westen schließen den Prospekt. Der See ist bewegt, heftiges Rauschen und Tosen, dazwischen Blitze und Donnerschläge.

Kunz von Gersau. Fischer *und* **Fischerknabe.**

Kunz. Ich sah's mit Augen an, Ihr könnt mir's glauben,
's ist alles so geschehn, wie ich Euch sagte.
Fischer. Der Tell gefangen abgeführt nach Küßnacht,
Der beste Mann im Land, der bravste Arm,
Wenn's einmal gelten sollte für die Freiheit.
Kunz. Der Landvogt führt ihn selbst den See herauf,
Sie waren eben dran sich einzuschiffen,
Als ich von Flüelen abfuhr, doch der Sturm,
Der eben jetzt im Anzug ist, und der
Auch mich gezwungen, eilends hier zu landen,
Mag ihre Abfahrt wohl verhindert haben.
Fischer. Der Tell in Fesseln, in des Vogts Gewalt!
O glaubt, er wird ihn tief genug vergraben,
Dass er des Tages Licht nicht wieder sieht!
Denn fürchten muss er die gerechte Rache
Des freien Mannes, den er schwer gereizt!
Kunz. Der Altlandammann auch, der edle Herr
Von Attinghausen, sagt man, lieg am Tode.

am Tode im Sterben

Fischer.
So bricht der letzte Anker unsrer Hoffnung!
Der war es noch allein, der seine Stimme
Erheben durfte für des Volkes Rechte!

Kunz. Der Sturm nimmt überhand. Gehabt Euch wohl,
Ich nehme Herberg in dem Dorf, denn heut
Ist doch an keine Abfahrt mehr zu denken.
Geht ab.

Fischer. Der Tell gefangen und der Freiherr tot!
Erheb die freche Stirne, Tyrannei,
Wirf alle Scham hinweg, der Mund der Wahrheit
Ist stumm, das seh'nde Auge ist geblendet,
Der Arm, der retten sollte, ist gefesselt!

Knabe. Es hagelt schwer, kommt in die Hütte, Vater,
Es ist nicht kommlich, hier im Freien hausen.

Fischer. Raset ihr Winde, flammt herab ihr Blitze,
Ihr Wolken berstet, gießt herunter, Ströme
Des Himmels und ersäuft das Land! Zerstört
Im Keim die ungeborenen Geschlechter!
Ihr wilden Elemente werdet Herr,
Ihr Bären kommt, ihr alten Wölfe wieder
Der großen Wüste, euch gehört das Land,
Wer wird hier leben wollen ohne Freiheit!

Knabe. Hört, wie der Abgrund tost, der Wirbel brüllt,
So hat's noch nie gerast in diesem Schlunde!

Fischer. Zu zielen auf des eignen Kindes Haupt,
Solches ward keinem Vater noch geboten!
Und die Natur soll nicht in wildem Grimm
Sich drob empören – O mich soll's nicht wundern,
Wenn sich die Felsen bücken in den See,
Wenn jene Zacken, jene Eisestürme,
Die nie auftauten seit dem Schöpfungstag,
Von ihren hohen Kulmen niederschmelzen,
Wenn die Berge brechen, wenn die alten Klüfte
Einstürzen, eine zweite Sündflut alle
Wohnstätten der Lebendigen verschlingt!
Man hört läuten.

kommlich (schweiz.) zukömmlich, angenehm, gesund

Wüste Wildnis

geboten befohlen

drob deswegen, darüber

Kulmen (lat.) Gipfeln

Sündflut Sintflut

Knabe. Hört Ihr, sie läuten droben auf dem Berg,
Gewiss hat man ein Schiff in Not gesehn,
Und zieht die Glocke, dass gebetet werde.
Steigt auf eine Anhöhe.

Fischer. Wehe dem Fahrzeug, das jetzt unterwegs,
In dieser furchtbarn Wiege wird gewiegt!
Hier ist das Steuer unnütz und der Steurer,
Der Sturm ist Meister, Wind und Welle spielen
Ball mit dem Menschen – Da ist nah und fern

Busen Bucht

Kein Busen, der ihm freundlich Schutz gewährte!

Handlos der Hand des Kletterers keinen Halt bietend

Handlos und schroff ansteigend starren ihm
Die Felsen, die unwirtlichen, entgegen,
Und weisen ihm nur ihre steinern schroffe Brust.

Knabe *deutet links.*
Vater, ein Schiff, es kommt von Flüelen her.

Fischer.
Gott helf den armen Leuten! Wenn der Sturm
In dieser Wasserkluft sich erst verfangen,
Dann rast er um sich mit des Raubtiers Angst,
Das an des Gitters Eisenstäbe schlägt,
Die Pforte sucht er heulend sich vergebens,
Denn ringsum schränken ihn die Felsen ein,
Die himmelhoch den engen Pass vermauren.
Er steigt auf die Anhöhe.

Herrenschiff … am roten Dach Rot bzw. Purpur war die Farbe der Habsburger und ihrer Vasallen.

Knabe. Es ist das Herrenschiff von Uri, Vater,
Ich kenn's am roten Dach und an der Fahne.

sein Verbrechen gemeint ist Tell, den Geßler im Kerker ›begraben‹ will

Fischer. Gerichte Gottes! Ja, er ist es selbst,
Der Landvogt, der da fährt – Dort schifft er hin,
Und führt im Schiffe sein Verbrechen mit!

kennt er lernt er kennen

Schnell hat der Arm des Rächers ihn gefunden,
Jetzt kennt er über sich den stärkern Herrn,

geben nicht geben nichts, hören nicht

Diese Wellen geben nicht auf seine Stimme,
Diese Felsen bücken ihre Häupter nicht

Vor seinem Hute – Knabe, bete nicht,
Greif nicht dem Richter in den Arm!

Knabe. Ich bete für den Landvogt nicht – Ich bete
Für den Tell, der auf dem Schiff sich mit befindet.

Fischer. O Unvernunft des blinden Elements!
Musst du, um Einen Schuldigen zu treffen,
Das Schiff mitsamt dem Steuermann verderben!

Knabe. Sieh, sieh, sie waren glücklich schon vorbei
Am Buggisgrat, doch die Gewalt des Sturms,
Der von dem Teufelsmünster widerprallt,
Wirft sie zum großen Axenberg zurück.
– Ich seh sie nicht mehr.

Fischer. Dort ist das Hakmesser,
Wo schon der Schiffe mehrere gebrochen.
Wenn sie nicht weislich dort vorüberlenken,
So wird das Schiff zerschmettert an der Fluh,
Die sich gähstotzig absenkt in die Tiefe.
– Sie haben einen guten Steuermann
Am Bord, könnt Einer retten, wär's der Tell,
Doch dem sind Arm und Hände ja gefesselt.

Buggisgrat … Teufelsmünster … Axenberg … Hakmesser hohe Felsen am Ufer des Urnersees, einem Teil des Vierwaldstätter Sees

weislich wohlweislich, achtsam

Fluh steile Felswand

gähstotzig (schweiz.) abschüssig, steil abfallend

Wilhelm Tell *mit der Armbrust. Er kommt mit raschen Schritten, blickt erstaunt umher, und zeigt die heftigste Bewegung. Wenn er mitten auf der Szene ist, wirft er sich nieder, die Hände zu der Erde und dann zum Himmel ausbreitend.*

Knabe *bemerkt ihn.*
Sieh, Vater, wer der Mann ist, der dort kniet?

Fischer. Er fasst die Erde an mit seinen Händen,
Und scheint wie außer sich zu sein.

Knabe *kommt vorwärts.*
Was seh ich! Vater! Vater, kommt und seht!

Fischer *nähert sich.*
Wer ist es? – Gott im Himmel! Was! der Tell?
Wie kommt Ihr hieher? Redet!
Knabe. Wart Ihr nicht
Dort auf dem Schiff gefangen und gebunden?
Fischer. Ihr wurdet nicht nach Küßnacht abgeführt?
Tell *steht auf.* Ich bin befreit.
Fischer und Knabe. Befreit! O Wunder Gottes!
Knabe. Wo kommt Ihr her?
Tell. Dort aus dem Schiffe.
Fischer. Was?
Knabe *zugleich.*
Wo ist der Landvogt?
Tell. Auf den Wellen treibt er.
Fischer. Ist's möglich? Aber Ihr? Wie seid Ihr hier?
Seid Euren Banden und dem Sturm entkommen?
Tell. Durch Gottes gnäd'ge Fürsehung – Hört an!
Fischer und Knabe. O redet, redet!
Tell. Was in Altdorf sich
Begeben, wisst Ihr's?
Fischer. Alles weiß ich, redet!
Tell. Dass mich der Landvogt fahen ließ und binden,
Nach seiner Burg zu Küßnacht wollte führen.
Fischer. Und sich mit Euch zu Flüelen eingeschifft!
Wir wissen alles, sprecht, wie Ihr entkommen?
Tell. Ich lag im Schiff, mit Stricken fest gebunden,
Wehrlos, ein aufgegebner Mann – nicht hofft ich,
Das frohe Licht der Sonne mehr zu sehn,
Der Gattin und der Kinder liebes Antlitz,
Und trostlos blickt ich in die Wasserwüste –
Fischer. O armer Mann!
Tell. So fuhren wir dahin,
Der Vogt, Rudolph der Harras und die Knechte.

Banden Fesseln

Fürsehung Vorsehung

fahen (ein-)fangen, festnehmen

Mein Köcher aber mit der Armbrust lag
Am hintern Gransen bei dem Steuerruder.
Und als wir an die Ecke jetzt gelangt
Beim kleinen Axen, da verhängt' es Gott,
Dass solch ein grausam mörd'risch Ungewitter
Gählings herfürbrach aus des Gotthards Schlünden,
Dass allen Ruderern das Herz entsank,
Und meinten alle, elend zu ertrinken.
Da hört ich's, wie der Diener einer sich
Zum Landvogt wendet' und die Worte sprach:
Ihr sehet Eure Not und unsre, Herr,
Und dass wir all am Rand des Todes schweben –
Die Steuerleute aber wissen sich
Für großer Furcht nicht Rat und sind des Fahrens
Nicht wohl berichtet – Nun aber ist der Tell
Ein starker Mann und weiß ein Schiff zu steuern,
Wie, wenn wir sein jetzt brauchten in der Not?
Da sprach der Vogt zu mir: Tell, wenn du dir's
Getrautest, uns zu helfen aus dem Sturm,
So möcht ich dich der Bande wohl entled'gen.
Ich aber sprach: Ja, Herr, mit Gottes Hülfe
Getrau ich mir's, und helf uns wohl hiedannen.
So ward ich meiner Bande los und stand
Am Steuerruder und fuhr redlich hin.
Doch schielt ich seitwärts, wo mein Schießzeug lag,
Und an dem Ufer merkt' ich scharf umher,
Wo sich ein Vorteil auftät zum Entspringen.
Und wie ich eines Felsenriffs gewahre,
Das abgeplattet vorsprang in den See –

Fischer. Ich kenn's, es ist am Fuß des großen Axen,
Doch nicht für möglich acht ich's – so gar steil
Geht's an – vom Schiff es springend abzureichen –

Tell. Schrie ich den Knechten, handlich zuzugehn,

Gransen Schiffsschnabel; Bug oder Heck des Schiffes

kleinen Axen kleinen Axenberg (vgl. S. 93)

Gählings (schweiz.) Jählings; plötzlich

herfürbrach hervorbrach

das Herz entsank der Mut verließ

Für Vor

Nicht wohl berichtet Nicht ausreichend kundig

sein seiner; ihn

hiedannen von hier fort

redlich gutwillig, rechtschaffen

abzureichen zu erreichen

handlich zuzugehn tüchtig mit anzupacken

Bis dass wir vor die Felsenplatte kämen,
Dort, rief ich, sei das Ärgste überstanden –
Und als wir sie frischrudernd bald erreicht,
Fleh ich die Gnade Gottes an, und drücke,
Mit allen Leibeskräften angestemmt,
Den hintern Gransen an die Felswand hin –
Jetzt schnell mein Schießzeug fassend, schwing ich selbst
Hochspringend auf die Platte mich hinauf,
Und mit gewalt'gem Fußstoß hinter mich
Schleudr' ich das Schifflein in den Schlund der Wasser –
Dort mag's, wie Gott will, auf den Wellen treiben!
So bin ich hier, gerettet aus des Sturms
Gewalt und aus der schlimmeren der Menschen.

Fischer. Tell, Tell, ein sichtbar Wunder hat der Herr
An Euch getan, kaum glaub ich's meinen Sinnen –
Doch saget! Wo gedenket Ihr jetzt hin,
Denn Sicherheit ist nicht für Euch, wofern
Der Landvogt lebend diesem Sturm entkommt.

wofern sofern

Tell. Ich hört' ihn sagen, da ich noch im Schiff
Gebunden lag, er woll' bei Brunnen landen,
Und über Schwyz nach seiner Burg mich führen.

Fischer. Will er den Weg dahin zu Lande nehmen?

Tell. Er denkt's.

Fischer. O so verbergt Euch ohne Säumen,
Nicht zweimal hilft Euch Gott aus seiner Hand.

Tell.
Nennt mir den nächsten Weg nach Arth und Küßnacht.

Arth Ort im Kanton Schwyz am Zuger See

Fischer. Die offne Straße zieht sich über Steinen,
Doch einen kürzern Weg und heimlichern
Kann Euch mein Knabe über Lowerz führen.

Lowerz Lauerz; Ort im Kanton Schwyz

Tell *gibt ihm die Hand.*
Gott lohn Euch Eure Guttat. Lebet wohl.
Geht und kehrt wieder um.

– Habt Ihr nicht auch im Rütli mitgeschworen?
Mir deucht, man nannt Euch mir –
Fischer. Ich war dabei,
Und hab den Eid des Bundes mit beschworen.

Mir deucht Ich glaube

Tell. So eilt nach Bürglen, tut die Lieb mir an,
Mein Weib verzagt um mich, verkündet ihr,
Dass ich gerettet sei und wohl geborgen.
Fischer. Doch wohin sag ich ihr, dass Ihr geflohn?
Tell. Ihr werdet meinen Schwäher bei ihr finden
Und andre, die im Rütli mitgeschworen –
Sie sollen wacker sein und gutes Muts,
Der Tell sei frei und seines Armes mächtig,
Bald werden sie ein Weitres von mir hören.

Schwäher Schwiegervater

Fischer. Was habt Ihr im Gemüt? Entdeckt mir's frei.
Tell. Ist es getan, wird's auch zur Rede kommen.
Geht ab.
Fischer. Zeig ihm den Weg, Jenny – Gott steh ihm bei!
Er führt's zum Ziel, was er auch unternommen.
Geht ab.

im Gemüt vor

Entdeckt mir's frei. Sagt es mir frei heraus.

Zweite Szene

Edelhof zu Attinghausen.

Der **Freiherr,** *in einem Armsessel, sterbend.* **Walther Fürst, Stauffacher, Melchthal** *und* **Baumgarten** *um ihn beschäftigt.* **Walther Tell** *kniend vor dem Sterbenden.*

Walther Fürst. Es ist vorbei mit ihm, er ist hinüber.
Stauffacher. Er liegt nicht wie ein Toter – Seht, die Feder
Auf seinen Lippen regt sich! Ruhig ist
Sein Schlaf und friedlich lächeln seine Züge.

die Feder / Auf seinen Lippen regt sich! Die an den Mund gehaltene Flaumfeder zeigt an, dass Attinghausen noch lebt.

Baumgarten geht an die Türe und spricht mit jemand.

Walther Fürst *zu Baumgarten.*
Wer ist's?

Baumgarten *kommt zurück.*
Es ist Frau Hedwig, Eure Tochter,
Sie will Euch sprechen, will den Knaben sehn.
Walther Tell richtet sich auf.

Walther Fürst. Kann ich sie trösten? Hab ich selber Trost?
Häuft alles Leiden sich auf meinem Haupt?

Hedwig *hereindringend.*
Wo ist mein Kind? Lasst mich, ich muss es sehn –

Stauffacher.
Fasst Euch, bedenkt, dass Ihr im Haus des Todes –

stürzt auf
stürzt auf … zu

Hedwig *stürzt auf den Knaben.*
Mein Wälty! O er lebt mir.

Walther Tell *hängt an ihr.* Arme Mutter!

Hedwig. Ist's auch gewiss? Bist du mir unverletzt?
Betrachtet ihn mit ängstlicher Sorgfalt.
Und ist es möglich? Konnt er auf dich zielen?
Wie konnt er's? O er hat kein Herz – Er konnte
Den Pfeil abdrücken auf sein eignes Kind!

Walther Fürst.
Er tat's mit Angst, mit schmerzzerrissner Seele,
Gezwungen tat er's, denn es galt das Leben.

Hedwig. O hätt er eines Vaters Herz, eh er's
Getan, er wäre tausendmal gestorben!

Schickung
Fügung

Stauffacher. Ihr solltet Gottes gnäd'ge Schickung preisen,
Die es so gut gelenkt –

Hedwig. Kann ich vergessen,
Wie's hätte kommen können – Gott des Himmels!
Und lebt ich achtzig Jahr – Ich seh den Knaben ewig
Gebunden stehn, den Vater auf ihn zielen,
Und ewig fliegt der Pfeil mir in das Herz.

Melchthal. Frau, wüsstet Ihr, wie ihn der Vogt gereizt!
Hedwig. O rohes Herz der Männer! Wenn ihr Stolz
Beleidigt wird, dann achten sie nichts mehr,
Sie setzen in der blinden Wut des Spiels
Das Haupt des Kindes und das Herz der Mutter!
Baumgarten. Ist Eures Mannes Los nicht hart genug,
Dass Ihr mit schwerem Tadel ihn noch kränkt?
Für seine Leiden habt Ihr kein Gefühl?
Hedwig *kehrt sich nach ihm um und sieht ihn mit einem großen Blick an.*
Hast Du nur Tränen für des Freundes Unglück?
– Wo waret ihr, da man den Trefflichen
In Bande schlug? Wo war da eure Hülfe?
Ihr sahet zu, ihr ließt das Grässliche geschehn,
Geduldig littet ihr's, dass man den Freund
Aus eurer Mitte führte – Hat der Tell
Auch so an euch gehandelt? Stand er auch
Bedaurend da, als hinter dir die Reiter
Des Landvogts drangen, als der wüt'ge See
Vor dir erbrauste? Nicht mit müß'gen Tränen
Beklagt' er dich, in den Nachen sprang er, Weib
Und Kind vergaß er und befreite dich –
Walther Fürst.
Was konnten wir zu seiner Rettung wagen,
Die kleine Zahl, die unbewaffnet war!
Hedwig *wirft sich an seine Brust.*
O Vater! Und auch du hast ihn verloren!
Das Land, wir alle haben ihn verloren!
Uns allen fehlt er, ach! wir fehlen ihm!
Gott rette seine Seele vor Verzweiflung.
Zu ihm hinab ins öde Burgverlies
Dringt keines Freundes Trost – Wenn er erkrankte!
Ach, in des Kerkers feuchter Finsternis

Muss er erkranken – Wie die Alpenrose
Bleicht und verkümmert in der Sumpfesluft,
So ist für ihn kein Leben als im Licht
Der Sonne, in dem Balsamstrom der Lüfte.
Gefangen! Er! Sein Atem ist die Freiheit,
Er kann nicht leben in dem Hauch der Grüfte.

Stauffacher. Beruhigt Euch. Wir alle wollen handeln,
Um seinen Kerker aufzutun.

Hedwig.
Was könnt ihr schaffen ohne ihn? – Solang
Der Tell noch frei war, ja da war noch Hoffnung,
Da hatte noch die Unschuld einen Freund,
Da hatte einen Helfer der Verfolgte,
Euch alle rettete der Tell – Ihr alle
Zusammen könnt nicht seine Fesseln lösen!
Der Freiherr erwacht.

Baumgarten.
Er regt sich, still!

Attinghausen *sich aufrichtend.*
Wo ist er?

Stauffacher. Wer?

Attinghausen. Er fehlt mir,
Verlässt mich in dem letzten Augenblick!

Stauffacher.
Er meint den Junker – Schickte man nach ihm?

Walther Fürst.
Es ist nach ihm gesendet – Tröstet Euch!
Er hat sein Herz gefunden, er ist unser.

Attinghausen. Hat er gesprochen für sein Vaterland?

Stauffacher. Mit Heldenkühnheit.

Attinghausen. Warum kommt er nicht,
Um meinen letzten Segen zu empfangen?
Ich fühle, dass es schleunig mit mir endet.

schleunig sehr bald

Stauffacher. Nicht also, edler Herr! Der kurze Schlaf
Hat Euch erquickt, und hell ist Euer Blick.

Attinghausen. Der Schmerz ist Leben, er verließ mich auch,
Das Leiden ist, so wie die Hoffnung, aus.
Er bemerkt den Knaben.
Wer ist der Knabe?

Walther Fürst. Segnet ihn o Herr!
Er ist mein Enkel und ist vaterlos.
Hedwig sinkt mit dem Knaben vor dem Sterbenden nieder.

Attinghausen. Und vaterlos lass ich euch alle, alle
Zurück – Weh mir, dass meine letzten Blicke
Den Untergang des Vaterlands gesehn!
Musst' ich des Lebens höchstes Maß erreichen,
Um ganz mit allen Hoffnungen zu sterben!

Stauffacher *zu Walther Fürst.*
Soll er in diesem finstern Kummer scheiden?
Erhellen wir ihm nicht die letzte Stunde
Mit schönem Strahl der Hoffnung? – Edler Freiherr!
Erhebet Euren Geist! Wir sind nicht ganz
Verlassen, sind nicht rettungslos verloren.

Attinghausen.
Wer soll euch retten?

Walther Fürst. Wir uns selbst. Vernehmt!
Es haben die drei Lande sich das Wort
Gegeben, die Tyrannen zu verjagen.
Geschlossen ist der Bund, ein heil'ger Schwur
Verbindet uns. Es wird gehandelt werden,
Eh noch das Jahr den neuen Kreis beginnt,
Euer Staub wird ruhn in einem freien Lande.

Attinghausen.
O saget mir! Geschlossen ist der Bund?

Melchthal. Am gleichen Tage werden alle drei
Waldstätte sich erheben. Alles ist

Bereit, und das Geheimnis wohlbewahrt
Bis jetzt, obgleich viel Hunderte es teilen.
Hohl ist der Boden unter den Tyrannen,
Die Tage ihrer Herrschaft sind gezählt,
Und bald ist ihre Spur nicht mehr zu finden.

Attinghausen. Die festen Burgen aber in den Landen?

Melchthal. Sie fallen alle an dem gleichen Tag.

Attinghausen.
Und sind die Edeln dieses Bunds teilhaftig?

sind die Edeln dieses Bunds teilhaftig? ist auch der Adel mit im Bunde?

Stauffacher. Wir harren ihres Beistands, wenn es gilt,
Jetzt aber hat der Landmann nur geschworen.

Attinghausen *richtet sich langsam in die Höhe, mit großem Erstaunen.*
Hat sich der Landmann solcher Tat verwogen,
Aus eignem Mittel, ohne Hülf der Edeln,
Hat er der eignen Kraft so viel vertraut –
Ja, dann bedarf es unserer nicht mehr,
Getröstet können wir zu Grabe steigen,
Es lebt nach uns – durch andre Kräfte will
Das Herrliche der Menschheit sich erhalten.
Er legt seine Hand auf das Haupt des Kindes, das vor ihm auf den Knien liegt.
Aus diesem Haupte, wo der Apfel lag,
Wird euch die neue bessre Freiheit grünen,
Das Alte stürzt, es ändert sich die Zeit,
Und neues Leben blüht aus den Ruinen.

sich … solcher Tat verwogen sich zu einer solchen Tat entschlossen

Das Herrliche der Menschheit Gemeint sind Werte wie Freiheit und Selbstbestimmung.

Stauffacher *zu Walther Fürst.*
Seht, welcher Glanz sich um sein Aug ergießt!
Das ist nicht das Erlöschen der Natur,
Das ist der Strahl schon eines neuen Lebens.

Attinghausen.
Der Adel steigt von seinen alten Burgen,
Und schwört den Städten seinen Bürgereid,

Im Üchtland schon, im Thurgau hat's begonnen,
Die edle Bern erhebt ihr herrschend Haupt,
Freiburg ist eine sichre Burg der Freien,
Die rege Zürich waffnet ihre Zünfte
Zum kriegerischen Heer – Es bricht die Macht
Der Könige sich an ihren ew'gen Wällen –
Er spricht das Folgende mit dem Ton eines Sehers – seine Rede steigt bis zur Begeisterung.
Die Fürsten seh ich und die edeln Herrn
In Harnischen herangezogen kommen,
Ein harmlos Volk von Hirten zu bekriegen.
Auf Tod und Leben wird gekämpft und herrlich
Wird mancher Pass durch blutige Entscheidung.
Der Landmann stürzt sich mit der nackten Brust,
Ein freies Opfer, in die Schar der Lanzen,
Er bricht sie, und des Adels Blüte fällt,
Es hebt die Freiheit siegend ihre Fahne.
Walther Fürsts und Stauffachers Hände fassend.
Drum haltet fest zusammen – fest und ewig –
Kein Ort der Freiheit sei dem andern fremd –
Hochwachten stellet aus auf euren Bergen,
Dass sich der Bund zum Bunde rasch versammle –
Seid einig – einig – einig –
Er fällt in das Küssen zurück – seine Hände halten entseelt noch die andern gefasst. Fürst und Stauffacher betrachten ihn noch eine Zeitlang schweigend, dann treten sie hinweg, jeder seinem Schmerz überlassen. Unterdessen sind die Knechte still hereingedrungen, sie nähern sich mit Zeichen eines stillern oder heftigern Schmerzens, einige knien bei ihm nieder und weinen auf seine Hand, während dieser stummen Szene wird die Burgglocke geläutet.

Rudenz *zu den Vorigen.*

Üchtland das Gebiet um die heutige Stadt und den Kanton Freiburg/Fribourg

Thurgau der Nordosten der Schweiz; seit 1264 Grafschaft der Habsburger

Die edle Bern Die edle Stadt Bern

Die rege Zürich Die rege Stadt Zürich

Zünfte mittelalterliche Handwerkervereinigungen

Harnischen Rüstungen

Die Fürsten seh ich … blutige Entscheidung. → Seite 148

freies freiwilliges

Der Landmann … Schar der Lanzen → Seite 149

des Adels Blüte fällt die junge Generation des Adels lässt im Kampf ihr Leben

der Bund zum Bunde → Seite 149

Küssen Kissen

geläutet … um den Tod Attinghausens anzuzeigen

Rudenz *rasch eintretend.*
Lebt er? O saget, kann er mich noch hören?
Walther Fürst *deutet hin mit weggewandtem Gesicht.*
Ihr seid jetzt unser Lehensherr und Schirmer,
Und dieses Schloss hat einen andern Namen.
Rudenz *erblickt den Leichnam und steht von heftigem Schmerz ergriffen.*
O güt'ger Gott! – Kommt meine Reu zu spät?
Konnt er nicht wen'ge Pulse länger leben,
Um mein geändert Herz zu sehn?
Verachtet hab ich seine treue Stimme,
Da er noch wandelte im Licht – Er ist
Dahin, ist fort auf immerdar, und lässt mir
Die schwere unbezahlte Schuld! – O saget!
Schied er dahin im Unmut gegen mich?

Pulse Pulsschläge, Sekunden

Stauffacher.
Er hörte sterbend noch was Ihr getan,
Und segnete den Mut, mit dem Ihr spracht!
Rudenz *kniet an dem Toten nieder.*
Ja heil'ge Reste eines teuren Mannes!
Entseelter Leichnam! Hier gelob ich dir's
In deine kalte Totenhand – Zerrissen
Hab ich auf ewig alle fremden Bande,
Zurückgegeben bin ich meinem Volk,
Ein Schweizer bin ich und ich will es sein
Von ganzer Seele – –
Aufstehend.
Trauert um den Freund,
Den Vater aller, doch verzaget nicht!
Nicht bloß sein Erbe ist mir zugefallen,
Es steigt sein Herz, sein Geist auf mich herab,
Und leisten soll euch meine frische Jugend,
Was euch sein greises Alter schuldig blieb.

– Ehrwürd'ger Vater, gebt mir Eure Hand!
Gebt mir die Eurige! Melchthal auch Ihr!
Bedenkt Euch nicht! O wendet Euch nicht weg!
Empfanget meinen Schwur und mein Gelübde.

Walther Fürst. Gebt ihm die Hand. Sein wiederkehrend Herz
Verdient Vertraun.

Melchthal. Ihr habt den Landmann nichts geachtet.
Sprecht, wessen soll man sich zu Euch versehn?

Rudenz. O denket nicht des Irrtums meiner Jugend!

Stauffacher *zu Melchthal.*
Seid einig! war das letzte Wort des Vaters,
Gedenket dessen!

Melchthal. Hier ist meine Hand!
Des Bauern Handschlag, edler Herr, ist auch
Ein Manneswort! Was ist der Ritter ohne uns?
Und unser Stand ist älter als der Eure.

Rudenz.
Ich ehr' ihn, und mein Schwert soll ihn beschützen.

Melchthal.
Der Arm, Herr Freiherr, der die harte Erde
Sich unterwirft und ihren Schoß befruchtet,
Kann auch des Mannes Brust beschützen.

Rudenz. Ihr
Sollt meine Brust, ich will die eure schützen,
So sind wir einer durch den andern stark.
– Doch wozu reden, da das Vaterland
Ein Raub noch ist der fremden Tyrannei?
Wenn erst der Boden rein ist von dem Feind,
Dann wollen wir's in Frieden schon vergleichen.
Nachdem er einen Augenblick innegehalten.
Ihr schweigt? Ihr habt mir nichts zu sagen? Wie!
Verdien ich's noch nicht, dass ihr mir vertraut?
So muss ich wider euren Willen mich

nichts für nichts

wessen soll man sich zu Euch versehn? was kann man von Euch erwarten?

des Vaters hier keine Verwandtschaftsbezeichnung, sondern Ausdruck von Respekt und Zuneigung sowie Zeichen der patriarchalen Ordnung der ländlichen Gesellschaft (vgl. auch V. 2516)

vergleichen einen Ausgleich erzielen, einig werden

In das Geheimnis eures Bundes drängen.
– Ihr habt getagt – geschworen auf dem Rütli –
Ich weiß – weiß alles, was ihr dort verhandelt,
Und was mir nicht von euch vertrauet ward,
Ich hab's bewahrt gleich wie ein heilig Pfand.
Nie war ich meines Landes Feind, glaubt mir,
Und niemals hätt ich gegen euch gehandelt.
– Doch übel tatet ihr, es zu verschieben,
Die Stunde dringt und rascher Tat bedarf's –
Der Tell ward schon das Opfer eures Säumens –

Christfest Weihnachten

Stauffacher. Das Christfest abzuwarten schwuren wir.
Rudenz.
Ich war nicht dort, ich hab nicht mitgeschworen.
Wartet ihr ab, ich handle.
Melchthal. Was? Ihr wolltet –
Rudenz. Des Landes Vätern zähl ich mich jetzt bei,
Und meine erste Pflicht ist, euch zu schützen.
Walther Fürst.
Der Erde diesen teuren Staub zu geben,
Ist Eure nächste Pflicht und heiligste.

nächste dringlichste

Rudenz. Wenn wir das Land befreit, dann legen wir
Den frischen Kranz des Siegs ihm auf die Bahre.
– O Freunde! Eure Sache nicht allein,
Ich habe meine eigne auszufechten
Mit dem Tyrannen – Hört und wisst! Verschwunden
Ist meine Bertha, heimlich weggeraubt,
Mit kecker Freveltat aus unsrer Mitte!
Stauffacher. Solcher Gewalttat hätte der Tyrann
Wider die freie Edle sich verwogen?
Rudenz.
O meine Freunde! Euch versprach ich Hülfe,
Und ich zuerst muss sie von euch erflehn.
Geraubt, entrissen ist mir die Geliebte,

Wer weiß, wo sie der Wütende verbirgt,
Welcher Gewalt sie frevelnd sich erkühnen,
Ihr Herz zu zwingen zum verhassten Band!
Verlasst mich nicht, o helft mir sie erretten –
Sie liebt euch, o sie hat's verdient ums Land,
Dass alle Arme sich für sie bewaffnen –

Walther Fürst.
Was wollt Ihr unternehmen?

Rudenz. Weiß ich's? Ach!
In dieser Nacht, die ihr Geschick umhüllt,
In dieses Zweifels ungeheurer Angst,
Wo ich nichts Festes zu erfassen weiß,
Ist mir nur dieses in der Seele klar:
Unter den Trümmern der Tyrannenmacht
Allein kann sie hervorgegraben werden,
Die Vesten alle müssen wir bezwingen,
Ob wir vielleicht in ihren Kerker dringen.

Melchthal.
Kommt, führt uns an. Wir folgen Euch. Warum
Bis Morgen sparen, was wir heut vermögen?
Frei war der Tell, als wir im Rütli schwuren,
Das Ungeheure war noch nicht geschehen.
Es bringt die Zeit ein anderes Gesetz,
Wer ist so feig, der jetzt noch könnte zagen!

Rudenz *zu Stauffacher und Walther Fürst.*
Indes bewaffnet und zum Werk bereit
Erwartet ihr der Berge Feuerzeichen,
Denn schneller als ein Botensegel fliegt,
Soll euch die Botschaft unsers Siegs erreichen,
Und seht ihr leuchten die willkommnen Flammen,
Dann auf die Feinde stürzt, wie Wetters Strahl,
Und brecht den Bau der Tyrannei zusammen.
Gehen ab.

Band Ehebund

Ob Um zu sehen, ob; damit

sparen aufsparen, herauszögern

Botensegel Botenschiff

Wetters Strahl Blitz

Dritte Szene

Die hohle Gasse bei Küßnacht. Man steigt von hinten zwischen Felsen herunter und die Wanderer werden, ehe sie auf der Szene erscheinen, schon von der Höhe gesehen. Felsen umschließen die ganze Szene, auf einem der vordersten ist ein Vorsprung mit Gesträuch bewachsen.

Tell *tritt auf mit der Armbrust.*

Durch diese hohle Gasse muss er kommen,
Es führt kein andrer Weg nach Küßnacht – Hier
Vollend ich's – Die Gelegenheit ist günstig.
Dort der Holunderstrauch verbirgt mich ihm,
Von dort herab kann ihn mein Pfeil erlangen,
Des Weges Enge wehret den Verfolgern.
Mach deine Rechnung mit dem Himmel Vogt,
Fort musst du, deine Uhr ist abgelaufen.

wehret den Verfolgern hält die Verfolger ab

Ich lebte still und harmlos – Das Geschoss
War auf des Waldes Tiere nur gerichtet,
Meine Gedanken waren rein von Mord –
Du hast aus meinem Frieden mich heraus-
Geschreckt, in gärend Drachengift hast du
Die Milch der frommen Denkart mir verwandelt,
Zum Ungeheuren hast du mich gewöhnt –
Wer sich des Kindes Haupt zum Ziele setzte,
Der kann auch treffen in das Herz des Feinds.

Milch der frommen Denkart menschenfreundliche Gesinnung

Die armen Kindlein, die unschuldigen,
Das treue Weib muss ich vor deiner Wut
Beschützen, Landvogt – Da, als ich den Bogenstrang
Anzog – als mir die Hand erzitterte –
Als du mit grausam teufelischer Lust

Mich zwangst, aufs Haupt des Kindes anzulegen –
Als ich ohnmächtig flehend rang vor dir,
Damals gelobt' ich mir in meinem Innern
Mit furchtbarm Eidschwur, den nur Gott gehört,
Dass meines nächsten Schusses erstes Ziel
Dein Herz sein sollte – Was ich mir gelobt
In jenes Augenblickes Höllenqualen,
Ist eine heil'ge Schuld, ich will sie zahlen.

Du bist mein Herr und meines Kaisers Vogt,
Doch nicht der Kaiser hätte sich erlaubt
Was du – Er sandte dich in diese Lande,
Um Recht zu sprechen – strenges, denn er zürnet –
Doch nicht um mit der mörderischen Lust
Dich jedes Greuels straflos zu erfrechen,
Es lebt ein Gott zu strafen und zu rächen.

Komm du hervor, du Bringer bittrer Schmerzen,
Mein teures Kleinod jetzt, mein höchster Schatz –
Ein Ziel will ich dir geben, das bis jetzt
Der frommen Bitte undurchdringlich war –
Doch dir soll es nicht widerstehn – Und du
Vertraute Bogensehne, die so oft
Mir treu gedient hat in der Freude Spielen,
Verlass mich nicht im fürchterlichen Ernst.
Nur jetzt noch halte fest du treuer Strang,
Der mir so oft den herben Pfeil beflügelt –
Entränn er jetzo kraftlos meinen Händen, *jetzo* jetzt
Ich habe keinen zweiten zu versenden.
Wanderer gehen über die Szene.

Auf dieser Bank von Stein will ich mich setzen,
Dem Wanderer zur kurzen Ruh bereitet –

Denn hier ist keine Heimat – Jeder treibt
Sich an dem andern rasch und fremd vorüber,
Und fraget nicht nach seinem Schmerz – Hier geht
Der sorgenvolle Kaufmann und der leicht
Geschürzte Pilger – der andächt'ge Mönch,
Der düstre Räuber und der heitre Spielmann,
Der Säumer mit dem schwer beladnen Ross,
Der ferne herkommt von der Menschen Ländern,
Denn jede Straße führt ans End der Welt.
Sie alle ziehen ihres Weges fort
An ihr Geschäft – und Meines ist der Mord!
Setzt sich.

der leicht / Geschürzte Pilger der Pilger in leichter Reisekleidung

Spielmann Musikant

Säumer Führer des Last-/Saumpferdes (vgl. S. 41)

Sonst wenn der Vater auszog, liebe Kinder,
Da war ein Freuen, wenn er wiederkam,
Denn niemals kehrt' er heim, er bracht euch etwas,
War's eine schöne Alpenblume, war's
Ein seltner Vogel oder Ammonshorn,
Wie es der Wandrer findet auf den Bergen –
Jetzt geht er einem andern Waidwerk nach,
Am wilden Weg sitzt er mit Mordgedanken,
Des Feindes Leben ist's, worauf er lauert.
– Und doch an euch nur denkt er, lieben Kinder,
Auch jetzt – Euch zu verteid'gen, eure holde Unschuld
Zu schützen vor der Rache des Tyrannen
Will er zum Morde jetzt den Bogen spannen!
Steht auf.
Ich laure auf ein edles Wild – Lässt sich's
Der Jäger nicht verdrießen, tagelang
Umherzustreifen in des Winters Strenge,
Von Fels zu Fels den Wagesprung zu tun,
Hinanzuklimmen an den glatten Wänden,
Wo er sich anleimt mit dem eignen Blut,

er bracht ohne dass er … brachte

Ammonshorn → Seite 149

Waidwerk Jagd

lieben liebe

anleimt mit dem eignen Blut → Seite 149

– Um ein armselig Grattier zu erjagen.
Hier gilt es einen köstlicheren Preis,
Das Herz des Todfeinds, der mich will verderben.

Man hört von ferne eine heitre Musik, welche sich nähert.

Mein ganzes Leben lang hab ich den Bogen
Gehandhabt, mich geübt nach Schützenregel,
Ich habe oft geschossen in das Schwarze,
Und manchen schönen Preis mir heimgebracht
Vom Freudenschießen – Aber heute will ich
Den Meisterschuss tun und das Beste mir
Im ganzen Umkreis des Gebirgs gewinnen.

Eine Hochzeit zieht über die Szene und durch den Hohlweg hinauf. Tell betrachtet sie, auf seinen Bogen gelehnt, **Stüssi der Flurschütz** *gesellt sich zu ihm.*

Stüssi. Das ist der Klostermey'r von Mörlischachen,
Der hier den Brautlauf hält – Ein reicher Mann,
Er hat wohl zehen Senten auf den Alpen.
Die Braut holt er jetzt ab zu Imisee,
Und diese Nacht wird hoch geschwelgt zu Küßnacht.
Kommt mit! 's ist jeder Biedermann geladen.
Tell. Ein ernster Gast stimmt nicht zum Hochzeithaus.
Stüssi.
Drückt Euch ein Kummer, werft ihn frisch vom Herzen,
Nehmt mit was kommt, die Zeiten sind jetzt schwer.
Drum muss der Mensch die Freude leicht ergreifen.
Hier wird gefreit und anderswo begraben.
Tell. Und oft kommt gar das eine zu dem andern.
Stüssi. So geht die Welt nun. Es gibt allerwegen
Unglücks genug – Ein Ruffi ist gegangen

Grattier Gämse, die auf den Berggraten lebt

köstlicheren kostbareren

Freudenschießen Wettschießen

Flurschütz (bewaffneter) Feldhüter

Klostermey'r Verwalter bzw. Pächter eines Klostergutes

Mörlischachen Merlischachen; Ort in der Nähe von Küßnacht

Brautlauf Hochzeitszug

Senten (schweiz.) Kuh-/Viehherden

Imisee Immensee; Ort im Kanton Luzern

gefreit eine Braut geworben

Ein Ruffi ist gegangen (schweiz.) Eine Geröllawine ist abgegangen

Glarner Land der an Schwyz und Uri angrenzende Kanton Glarus

Glärnisch Berg im Kanton Glarus

Baden Ort im Kanton Aargau; gemeint ist hier die habsburgische Residenz Burg Stein bei Baden.

fallen stürzen sich

für Marter unter Qualen, vor Schmerzen

ungekränkt in seinem Besitz und seiner Ehre unbehelligt

Im Glarner Land und eine ganze Seite
Vom Glärnisch eingesunken.
Tell. Wanken auch
Die Berge selbst? Es steht nichts fest auf Erden.
Stüssi. Auch anderswo vernimmt man Wunderdinge.
Da sprach ich einen, der von Baden kam.
Ein Ritter wollte zu dem König reiten,
Und unterwegs begegnet ihm ein Schwarm
Von Hornissen, die fallen auf sein Ross,
Dass es für Marter tot zu Boden sinkt,
Und er zu Fuße ankommt bei dem König.
Tell. Dem Schwachen ist sein Stachel auch gegeben.

Armgard *kommt mit* **mehreren Kindern** *und stellt sich an den Eingang des Hohlwegs.*

Stüssi. Man deutet's auf ein großes Landesunglück,
Auf schwere Taten wider die Natur.
Tell. Dergleichen Taten bringet jeder Tag,
Kein Wunderzeichen braucht sie zu verkünden.
Stüssi. Ja, wohl dem, der sein Feld bestellt in Ruh,
Und ungekränkt daheim sitzt bei den Seinen.
Tell. Es kann der Frömmste nicht im Frieden bleiben,
Wenn es dem bösen Nachbar nicht gefällt.
Tell sieht oft mit unruhiger Erwartung nach der Höhe des Weges.
Stüssi. Gehabt Euch wohl – Ihr wartet hier auf jemand?
Tell. Das tu ich.
Stüssi. Frohe Heimkehr zu den Euren!
– Ihr seid aus Uri? Unser gnäd'ger Herr
Der Landvogt wird noch heut von dort erwartet.
Wanderer *kommt.*
Den Vogt erwartet heut nicht mehr. Die Wasser

Sind ausgetreten von dem großen Regen,
Und alle Brücken hat der Strom zerrissen.
Tell steht auf.

Armgard *kommt vorwärts.*
Der Landvogt kommt nicht!

Stüssi. Sucht Ihr was an ihn?

Armgard. Ach freilich!

Stüssi. Warum stellet Ihr Euch denn
In dieser hohlen Gass ihm in den Weg?

Armgard. Hier weicht er mir nicht aus, er muss mich hören.

Frießhardt *kommt eilfertig den Hohlweg herab, und ruft in die Szene.*
Man fahre aus dem Weg – Mein gnäd'ger Herr
Der Landvogt kommt dicht hinter mir geritten.
Tell geht ab.

Armgard *lebhaft.*
Der Landvogt kommt!

Sie geht mit ihren Kindern nach der vordern Szene.
Geßler *und* **Rudolph der Harras** *zeigen sich zu Pferd auf der Höhe des Wegs.*

Stüssi *zum Frießhardt.* Wie kamt ihr durch das Wasser,
Da doch der Strom die Brücken fortgeführt?

Frießhardt. Wir haben mit dem See gefochten, Freund,
Und fürchten uns vor keinem Alpenwasser.

Stüssi. Ihr wart zu Schiff in dem gewalt'gen Sturm?

Frießhardt.
Das waren wir. Mein Lebtag denk ich dran –

Stüssi. O bleibt, erzählt!

Frießhardt. Lasst mich, ich muss voraus,
Den Landvogt muss ich in der Burg verkünden.
Ab.

ausgetreten über die Ufer getreten

Sucht Ihr was an ihn? Wollt Ihr etwas von ihm?

verkünden ankündigen

Stüssi. Wär'n gute Leute auf dem Schiff gewesen,
In Grund gesunken wär's mit Mann und Maus,
Dem Volk kann weder Wasser bei noch Feuer.
Er sieht sich um.
Wo kam der Waidmann hin, mit dem ich sprach?
Geht ab.

Geßler *und* **Rudolph der Harras** *zu Pferd.*

Geßler. Sagt was Ihr wollt, ich bin des Kaisers Diener
Und muss drauf denken, wie ich ihm gefalle.
Er hat mich nicht ins Land geschickt, dem Volk
Zu schmeicheln und ihm sanft zu tun – Gehorsam
Erwartet er, der Streit ist, ob der Bauer
Soll Herr sein in dem Lande oder der Kaiser.
Armgard. Jetzt ist der Augenblick! Jetzt bring ich's an!
Nähert sich furchtsam.
Geßler. Ich hab den Hut nicht aufgesteckt zu Altdorf
Des Scherzes wegen, oder um die Herzen
Des Volks zu prüfen, diese kenn ich längst.
Ich hab ihn aufgesteckt, dass sie den Nacken
Mir lernen beugen, den sie aufrecht tragen –
Das Unbequeme hab ich hingepflanzt
Auf ihren Weg, wo sie vorbeigehn müssen,
Dass sie drauf stoßen mit dem Aug, und sich
Erinnern ihres Herrn, den sie vergessen.
Rudolph. Das Volk hat aber doch gewisse Rechte –
Geßler. Die abzuwägen ist jetzt keine Zeit!
– Weitschicht'ge Dinge sind im Werk und Werden,
Das Kaiserhaus will wachsen, was der Vater
Glorreich begonnen, will der Sohn vollenden.
Dies kleine Volk ist uns ein Stein im Weg –
So oder so – Es muss sich unterwerfen.

der Vater Rudolf von Habsburg

der Sohn Albrecht von Habsburg

Sie wollen vorüber. Die Frau wirft sich vor dem Landvogt nieder.

Armgard. Barmherzigkeit Herr Landvogt! Gnade! Gnade!

Geßler. Was dringt Ihr Euch auf offner Straße mir
In Weg – Zurück!

Armgard. Mein Mann liegt im Gefängnis,
Die armen Waisen schrein nach Brot – Habt Mitleid
Gestrenger Herr, mit unserm großen Elend.

Rudolph.
Wer seid Ihr? Wer ist Euer Mann?

Armgard. Ein armer
Wildheuer, guter Herr, vom Rigiberge,
Der überm Abgrund weg das freie Gras
Abmähet von den schroffen Felsenwänden,
Wohin das Vieh sich nicht getraut zu steigen –

Wildheuer armer Bauer, der kein Land besitzt und deshalb das Wildheu auf den Bergen sammeln muss

Rigiberge Rigi; Gebirge zwischen Vierwaldstätter und Zuger See

Rudolph *zum Landvogt.*
Bei Gott, ein elend und erbärmlich Leben!
Ich bitt Euch, gebt ihn los den armen Mann,
Was er auch Schweres mag verschuldet haben,
Strafe genug ist sein entsetzlich Handwerk.
Zu der Frau.
Euch soll Recht werden – Drinnen auf der Burg
Nennt Eure Bitte – Hier ist nicht der Ort.

Armgard. Nein, nein, ich weiche nicht von diesem Platz,
Bis mir der Vogt den Mann zurückgegeben!
Schon in den sechsten Mond liegt er im Turm,
Und harret auf den Richterspruch vergebens.

Mond Monat

Geßler. Weib, wollt Ihr mir Gewalt antun, hinweg.

Armgard. Gerechtigkeit, Landvogt! Du bist der Richter
Im Lande an des Kaisers Statt und Gottes.
Tu deine Pflicht! So du Gerechtigkeit
Vom Himmel hoffest, so erzeig sie uns.

Geßler. Fort, schafft das freche Volk mir aus den Augen.

Armgard *greift in die Zügel des Pferdes.*
Nein, nein, ich habe nichts mehr zu verlieren.
– Du kommst nicht von der Stelle Vogt, bis du
Mir Recht gesprochen – Falte deine Stirne,
Rolle die Augen wie du willst – Wir sind
So grenzenlos unglücklich, dass wir nichts
Nach deinem Zorn mehr fragen –

Geßler. Weib, mach Platz,
Oder mein Ross geht über dich hinweg.

Armgard.
Lass es über mich dahingehn – da –
Sie reißt ihre Kinder zu Boden und wirft sich mit ihnen ihm in den Weg.
Hier lieg ich
Mit meinen Kindern – Lass die armen Waisen
Von deines Pferdes Huf zertreten werden,
Es ist das Ärgste nicht, was du getan –

Rudolph. Weib, seid Ihr rasend?

Armgard *heftiger fortfahrend.* Tratest du doch längst
Das Land des Kaisers unter deine Füße!
– O ich bin nur ein Weib! Wär ich ein Mann,
Ich wüsste wohl was Besseres, als hier
Im Staub zu liegen –
Man hört die vorige Musik wieder auf der Höhe des Wegs, aber gedämpft.

Geßler. Wo sind meine Knechte?
Man reiße sie von hinnen oder ich
Vergesse mich und tue was mich reuet.

von hinnen von da fort

Rudolph. Die Knechte können nicht hindurch, o Herr,
Der Hohlweg ist gesperrt durch eine Hochzeit.

Geßler. Ein allzu milder Herrscher bin ich noch
Gegen dies Volk – die Zungen sind noch frei,
Es ist noch nicht ganz wie es soll gebändigt –

Doch es soll anders werden, ich gelob es,
Ich will ihn brechen diesen starren Sinn,
Den kecken Geist der Freiheit will ich beugen.
Ein neu Gesetz will ich in diesen Landen
Verkündigen – Ich will –
Ein Pfeil durchbohrt ihn, er fährt mit der Hand ans Herz und will sinken. Mit matter Stimme.
Gott sei mir gnädig!

Rudolph.
Herr Landvogt – Gott was ist das? Woher kam das?

Armgard *auffahrend.*
Mord! Mord! Er taumelt, sinkt! Er ist getroffen!
Mitten ins Herz hat ihn der Pfeil getroffen!

Mitten ins Herz … → Seite 149

Rudolph *springt vom Pferde.*
Welch grässliches Ereignis – Gott – Herr Ritter –
Ruft die Erbarmung Gottes an – Ihr seid
Ein Mann des Todes! –

Geßler. Das ist Tells Geschoss.
Ist vom Pferd herab dem Rudolph Harras in den Arm gegleitet und wird auf der Bank niedergelassen.

Tell *erscheint oben auf der Höhe des Felsen.*
Du kennst den Schützen, suche keinen andern!
Frei sind die Hütten, sicher ist die Unschuld
Vor dir, du wirst dem Lande nicht mehr schaden.
Verschwindet von der Höhe. Volk stürzt herein.

Stüssi *voran.* Was gibt es hier? Was hat sich zugetragen?

Armgard. Der Landvogt ist von einem Pfeil durchschossen.

Volk *im Hereinstürzen.*
Wer ist erschossen?
Indem die Vordersten von dem Brautzug auf die Szene kommen sind die Hintersten noch auf der Höhe, und die Musik geht fort.

Rudolph der Harras. Er verblutet sich.

fort weiter

verblutet sich verblutet

Fort, schaffet Hilfe! Setzt dem Mörder nach!
– Verlorner Mann, so muss es mit dir enden,
Doch meine Warnung wolltest du nicht hören!

Stüssi. Bei Gott! da liegt er bleich und ohne Leben!

Viele Stimmen.
Wer hat die Tat getan?

Rudolph der Harras. Rast dieses Volk,
Dass es dem Mord Musik macht? Lasst sie schweigen.
Musik bricht plötzlich ab, es kommt noch mehr Volk nach.
Herr Landvogt, redet, wenn Ihr könnt – Habt Ihr
Mir nichts mehr zu vertraun?
Geßler gibt Zeichen mit der Hand, die er mit Heftigkeit wiederholt, da sie nicht gleich verstanden werden.
Wo soll ich hin?
– Nach Küßnacht? – Ich versteh Euch nicht – O werdet
Nicht ungeduldig – Lasst das Irdische,
Denkt jetzt, Euch mit dem Himmel zu versöhnen.
Die ganze Hochzeitgesellschaft umsteht den Sterbenden mit einem fühllosen Grausen.

Stüssi. Sieh wie er bleich wird – Jetzt, jetzt tritt der Tod
Ihm an das Herz – die Augen sind gebrochen.

Armgard *hebt ein Kind empor.*
Seht Kinder, wie ein Wüterich verscheidet!

Rudolph der Harras.
Wahnsinn'ge Weiber, habt ihr kein Gefühl,
Dass ihr den Blick an diesem Schrecknis weidet?
– Helft – Leget Hand an – Steht mir niemand bei,
Den Schmerzenspfeil ihm aus der Brust zu ziehn?

Weiber *treten zurück.*
Wir ihn berühren, welchen Gott geschlagen!

Rudolph der Harras.
Fluch treff euch und Verdammnis!
Zieht das Schwert.

Stüssi *fällt ihm in den Arm.* Wagt es Herr!
Eu'r Walten hat ein Ende. Der Tyrann
Des Landes ist gefallen. Wir erdulden
Keine Gewalt mehr. Wir sind freie Menschen.

Alle *tumultuarisch.*
Das Land ist frei.

Rudolph der Harras. Ist es dahin gekommen?
Endet die Furcht so schnell und der Gehorsam?
Zu den Waffenknechten, die hereindringen.
Ihr seht die grausenvolle Tat des Mords
Die hier geschehen – Hülfe ist umsonst –
Vergeblich ist's, dem Mörder nachzusetzen.
Uns drängen andre Sorgen – Auf, nach Küßnacht,
Dass wir dem Kaiser seine Veste retten!
Denn aufgelöst in diesem Augenblick
Sind aller Ordnung, aller Pflichten Bande,
Und keines Mannes Treu ist zu vertrauen.

grausenvolle grauenvolle

Indem er mit den Waffenknechten abgeht,
erscheinen **sechs barmherzige Brüder.**

barmherzige Brüder → Seite 149

Armgard. Platz! Platz! da kommen die barmherz'gen Brüder.

Stüssi. Das Opfer liegt – Die Raben steigen nieder.

Die Raben steigen nieder. → Seite 149

Barmherzige Brüder *schließen einen Halbkreis um den Toten und singen in tiefem Ton.*
Rasch tritt der Tod den Menschen an,
    Es ist ihm keine Frist gegeben,
Es stürzt ihn mitten in der Bahn,
    Es reißt ihn fort vom vollen Leben,
Bereitet oder nicht, zu gehen,
Er muss vor seinen Richter stehen!
Indem die letzten Zeilen wiederholt werden
fällt der Vorhang.

Fünfter Aufzug

Erste Szene

Öffentlicher Platz bei Altdorf. Im Hintergrunde rechts die Veste Zwing Uri mit dem noch stehenden Baugerüste, wie in der dritten Szene des ersten Aufzugs; links eine Aussicht in viele Berge hinein, auf welchen allen Signalfeuer brennen. Es ist eben Tagesanbruch, Glocken ertönen aus verschiedenen Fernen.

Ruodi, Kuoni, Werni, Meister Steinmetz *und viele andre Landleute, auch Weiber und Kinder.*

Ruodi. Seht ihr die Feuersignale auf den Bergen?
Steinmetz. Hört ihr die Glocken drüben überm Wald?
Ruodi. Die Feinde sind verjagt.
Steinmetz. Die Burgen sind erobert.

Burgen Roßberg (vgl. S. 10) und Sarnen (vgl. S. 29; vgl. auch V. 2865 f.)

Ruodi. Und wir im Lande Uri dulden noch
Auf unserm Boden das Tyrannenschloss?
Sind wir die Letzten, die sich frei erklären?
Steinmetz. Das Joch soll stehen, das uns zwingen wollte?
Auf, reißt es nieder!
Alle. Nieder! Nieder! Nieder!
Ruodi. Wo ist der Stier von Uri?

Stier von Uri Urner Musiker, der auf dem Horn eines Auerochsen (militärische) Signale blies

Stier von Uri. Hier. Was soll ich?
Ruodi. Steigt auf die Hochwacht, blast in Euer Horn,
Dass es weitschmetternd in die Berge schalle,
Und jedes Echo in den Felsenklüften
Aufweckend, schnell die Männer des Gebirgs
Zusammenrufe.

Stier von Uri geht ab. **Walther Fürst** *kommt.*

Walther Fürst. Haltet Freunde! Haltet!
Noch fehlt uns Kunde was in Unterwalden
Und Schwyz geschehen. Lasst uns Boten erst
Erwarten.

Ruodi. Was erwarten? Der Tyrann
Ist tot, der Tag der Freiheit ist erschienen.

Steinmetz. Ist's nicht genug an diesen flammenden Boten,
Die ringsherum auf allen Bergen leuchten?

Ruodi.
Kommt alle, kommt, legt Hand an, Männer und Weiber!
Brecht das Gerüste! Sprengt die Bogen! Reißt
Die Mauern ein! Kein Stein bleib auf dem andern.

Steinmetz. Gesellen kommt! Wir haben's aufgebaut,
Wir wissen's zu zerstören.

Alle. Kommt! Reißt nieder.

Sie stürzen sich von allen Seiten auf den Bau.

Walther Fürst.
Es ist im Lauf. Ich kann sie nicht mehr halten.

Melchthal *und* **Baumgarten** *kommen.*

Melchthal.
Was? Steht die Burg noch und Schloss Sarnen liegt
In Asche und der Roßberg ist gebrochen?

Walther Fürst.
Seid Ihr es Melchthal? Bringt Ihr uns die Freiheit?
Sagt! Sind die Lande alle rein vom Feind?

Melchthal *umarmt ihn.*
Rein ist der Boden. Freut Euch, alter Vater!
In diesem Augenblicke, da wir reden,
Ist kein Tyrann mehr in der Schweizer Land.

Walther Fürst.
O sprecht, wie wurdet ihr der Burgen mächtig?

Melchthal. Der Rudenz war es, der das Sarner Schloss
Mit mannlich kühner Wagetat gewann,
Den Roßberg hatt ich nachts zuvor erstiegen.
– Doch höret, was geschah. Als wir das Schloss
Vom Feind geleert, nun freudig angezündet,
Die Flamme prasselnd schon zum Himmel schlug,
Da stürzt der Diethelm, Geßlers Bub, hervor,
Und ruft, dass die Brunekerin verbrenne.

Bub Knecht, Knappe

die Brunekerin Bertha von Brunek

Walther Fürst.
Gerechter Gott!
Man hört die Balken des Gerüstes stürzen.

Melchthal. Sie war es selbst, war heimlich
Hier eingeschlossen auf des Vogts Geheiß.
Rasend erhub sich Rudenz – denn wir hörten
Die Balken schon, die festen Pfosten stürzen,
Und aus dem Rauch hervor den Jammerruf
– Der Unglückseligen.

Walther Fürst. Sie ist gerettet?

Melchthal. Da galt Geschwindsein und Entschlossenheit!
– Wär er nur unser Edelmann gewesen,
Wir hätten unser Leben wohl geliebt,
Doch er war unser Eidgenoss und Bertha
Ehrte das Volk – So setzten wir getrost
Das Leben dran, und stürzten in das Feuer.

Walther Fürst.
Sie ist gerettet?

Melchthal. Sie ist's. Rudenz und ich,
Wir trugen sie selbander aus den Flammen,
Und hinter uns fiel krachend das Gebälk.
– Und jetzt, als sie gerettet sich erkannte,
Die Augen aufschlug zu dem Himmelslicht,
Jetzt stürzte mir der Freiherr an das Herz,
Und schweigend ward ein Bündnis jetzt beschworen,

selbander zu zweit

Das fest gehärtet in des Feuers Glut
Bestehen wird in allen Schicksalsproben –

Walther Fürst.
Wo ist der Landenberg?

Melchthal. Über den Brünig.
Nicht lag's an mir, dass er das Licht der Augen
Davontrug, der den Vater mir geblendet.
Nach jagt' ich ihm, erreicht' ihn auf der Flucht,
Und riss ihn zu den Füßen meines Vaters.
Geschwungen über ihm war schon das Schwert,
Von der Barmherzigkeit des blinden Greises
Erhielt er flehend das Geschenk des Lebens.
Urfehde schwur er, nie zurückzukehren,
Er wird sie halten, unsern Arm hat er
Gefühlt.

den Brünig den Brünigpass (vgl. S. 53)

Urfehde Eid, mit dem man sich verpflichtet, auf Rache zu verzichten

Walther Fürst. Wohl Euch, dass Ihr den reinen Sieg
Mit Blute nicht geschändet!

Kinder *eilen mit Trümmern des Gerüstes über die Szene.*
Freiheit! Freiheit!
Das Horn von Uri wird mit Macht geblasen.

Walther Fürst. Seht, welch ein Fest! Des Tages werden sich
Die Kinder spät als Greise noch erinnern.
Mädchen bringen den Hut auf einer Stange getragen, die ganze Szene füllt sich mit Volk an.

Ruodi. Hier ist der Hut, dem wir uns beugen mussten.

Baumgarten. Gebt uns Bescheid, was damit werden soll.

Walther Fürst. Gott! Unter diesem Hute stand mein Enkel!

Mehrere Stimmen.
Zerstört das Denkmal der Tyrannenmacht!
Ins Feuer mit ihm!

Walther Fürst. Nein, lasst ihn aufbewahren!
Der Tyrannei musst' er zum Werkzeug dienen,
Er soll der Freiheit ewig Zeichen sein!

Die Landleute, Männer, Weiber und Kinder stehen und sitzen auf den Balken des zerbrochenen Gerüstes malerisch gruppiert in einem großen Halbkreis umher.

Melchthal. So stehen wir nun fröhlich auf den Trümmern
Der Tyrannei, und herrlich ist's erfüllt,
Was wir im Rütli schwuren, Eidgenossen.

Walther Fürst. Das Werk ist angefangen, nicht vollendet.
Jetzt ist uns Mut und feste Eintracht not,
Denn seid gewiss, nicht säumen wird der König,
Den Tod zu rächen seines Vogts, und den
Vertriebnen mit Gewalt zurückzuführen.

not nötig, notwendig

Melchthal. Er zieh heran mit seiner Heeresmacht,
Ist aus dem Innern doch der Feind verjagt,
Dem Feind von außen wollen wir begegnen.

Ruodi. Nur wen'ge Pässe öffnen ihm das Land,
Die wollen wir mit unsern Leibern decken.

Baumgarten. Wir sind vereinigt durch ein ewig Band,
Und seine Heere sollen uns nicht schrecken!

Rösselmann *und* **Stauffacher** *kommen.*

Rösselmann *im Eintreten.*
Das sind des Himmels furchtbare Gerichte.

Landleute. Was gibt's?

Rösselmann. In welchen Zeiten leben wir!

Walther Fürst.
Sagt an, was ist es? – Ha, seid Ihr's Herr Werner?
Was bringt Ihr uns?

Landleute. Was gibt's?

Rösselmann. Hört und erstaunet!

Stauffacher. Von einer großen Furcht sind wir befreit –

Rösselmann. Der Kaiser ist ermordet.

Walther Fürst. Gnäd'ger Gott!

Landleute machen einen Aufstand und umdrängen den Stauffacher.

Alle. Ermordet! Was! Der Kaiser! Hört! Der Kaiser!
Melchthal. Nicht möglich! Woher kam Euch diese Kunde?
Stauffacher. Es ist gewiss. Bei Bruck fiel König Albrecht
Durch Mörders Hand – ein glaubenswerter Mann,
Johannes Müller bracht es von Schaffhausen.
Walther Fürst. Wer wagte solche grauenvolle Tat?
Stauffacher.
Sie wird noch grauenvoller durch den Täter.
Es war sein Neffe, seines Bruders Kind,
Herzog Johann von Schwaben, der's vollbrachte.
Melchthal. Was trieb ihn zu der Tat des Vatermords?
Stauffacher. Der Kaiser hielt das väterliche Erbe
Dem ungeduldig Mahnenden zurück,
Es hieß, er denk ihn ganz darum zu kürzen,
Mit einem Bischofshut ihn abzufinden.
Wie dem auch sei – der Jüngling öffnete
Der Waffenfreunde bösem Rat sein Ohr,
Und mit den edeln Herrn von Eschenbach,
Von Tegerfelden, von der Wart und Palm,
Beschloss er, da er Recht nicht konnte finden,
Sich Rach zu holen mit der eignen Hand.
Walther Fürst.
O sprecht, wie ward das Grässliche vollendet?
Stauffacher. Der König ritt herab vom Stein zu Baden,
Gen Rheinfeld, wo die Hofstatt war, zu ziehn,
Mit ihm die Fürsten, Hans und Leopold,
Und ein Gefolge hochgeborner Herren.
Und als sie kamen an die Reuß, wo man
Auf einer Fähre sich lässt übersetzen,
Da drängten sich die Mörder in das Schiff,
Dass sie den Kaiser vom Gefolge trennten.

machen einen Aufstand geraten in Aufregung

Bruck Brugg; Ort im Kanton Aargau

Johannes Müller vgl. Seite 143

Vatermords Verwandtenmords; Albrecht I. war zwar nur der Onkel, aber zugleich auch der Vormund Johanns von Schwaben.

ihn ganz darum zu kürzen es ihm gänzlich vorzuenthalten

Eschenbach … Palm → Seite 149

Stein zu Baden habsburgische Residenz bei Baden (Aargau)

Rheinfeld vgl. Seite 58

Hofstatt Ort der fürstlichen Hofhaltung, Residenz

Hans und Leopold → Seite 149

eine alte große Stadt Vindonissa, um 594 zerstörtes Römerkastell; heute: Windisch im Kanton Aargau

Veste Habsburg die Habichtsburg bei Schinznach im Kanton Aargau; Stammsitz der Habsburger

ausgegangen ihren Anfang genommen hat

Seinen eigenen Besitz

Jedweder Stand verwahret seine Grenzen Alle Herrschaftsbereiche (etwa: Städte, Klöster) werden abgeriegelt, alle Gemeinschaften schotten sich ab.

des Bannes Fluch der Ächtung; der Geächtete war vogelfrei (rechtlos), sodass sich jedermann an ihm vergehen durfte, ohne dafür zur Rechenschaft gezogen zu werden.

Der Ungarn Königin, die strenge Agnes → Seite 150

Zeugungen Generationen, Geschlechter

Drauf als der Fürst durch ein geackert Feld
Hinreitet – eine alte große Stadt
Soll drunterliegen aus der Heiden Zeit –
Die alte Veste Habsburg im Gesicht,
Wo seines Stammes Hoheit ausgegangen –
Stößt Herzog Hans den Dolch ihm in die Kehle,
Rudolph von Palm durchrennt ihn mit dem Speer,
Und Eschenbach zerspaltet ihm das Haupt,
Dass er heruntersinkt in seinem Blut,
Gemordet von den Seinen, auf dem Seinen.
Am andern Ufer sahen sie die Tat,
Doch durch den Strom geschieden, konnten sie
Nur ein ohnmächtig Wehgeschrei erheben;
Am Wege aber saß ein armes Weib,
In ihrem Schoß verblutete der Kaiser.

Melchthal.

So hat er nur sein frühes Grab gegraben,
Der unersättlich alles wollte haben!

Stauffacher.

Ein ungeheurer Schrecken ist im Land umher,
Gesperrt sind alle Pässe des Gebirgs,
Jedweder Stand verwahret seine Grenzen,
Die alte Zürich selbst schloss ihre Tore,
Die dreißig Jahr lang offen standen, zu,
Die Mörder fürchtend und noch mehr – die Rächer.
Denn mit des Bannes Fluch bewaffnet kommt
Der Ungarn Königin, die strenge Agnes,
Die nicht die Milde kennet ihres zarten
Geschlechts, des Vaters königliches Blut
Zu rächen an der Mörder ganzem Stamm,
An ihren Knechten, Kindern, Kindeskindern,
Ja an den Steinen ihrer Schlösser selbst.
Geschworen hat sie, ganze Zeugungen

Hinabzusenden in des Vaters Grab,
In Blut sich wie in Maientau zu baden.

Melchthal.
Weiß man, wo sich die Mörder hingeflüchtet?

Stauffacher.
Sie flohen alsbald nach vollbrachter Tat
Auf fünf verschiednen Straßen auseinander,
Und trennten sich, um nie sich mehr zu sehn –
Herzog Johann soll irren im Gebirge.

Walther Fürst. So trägt die Untat ihnen keine Frucht!
Rache trägt keine Frucht! Sich selbst ist sie
Die fürchterliche Nahrung, ihr Genuss
Ist Mord, und ihre Sättigung das Grausen.

Stauffacher.
Den Mördern bringt die Untat nicht Gewinn,
W i r aber brechen mit der reinen Hand
Des blut'gen Frevels segenvolle Frucht.
Denn einer großen Furcht sind wir entledigt,
Gefallen ist der Freiheit größter Feind,
Und, wie verlautet, wird das Zepter gehn
Aus Habsburgs Haus zu einem andern Stamm,
Das Reich will seine Wahlfreiheit behaupten.

Walther Fürst und mehrere.
Vernahmt Ihr was?

Stauffacher. Der Graf von Luxemburg
Ist von den mehrsten Stimmen schon bezeichnet.

Walther Fürst.
Wohl uns, dass wir beim Reiche treu gehalten,
Jetzt ist zu hoffen auf Gerechtigkeit!

Stauffacher.
Dem neuen Herrn tun tapfre Freunde not,
Er wird uns schirmen gegen Östreichs Rache.
Die Landleute umarmen einander.

Graf von Luxemburg Heinrich VII. (1278–1313) war von 1308 bis 1313 römisch-deutscher König und ab 1312 auch römisch-deutscher Kaiser.

mehrsten meisten

Sigrist *mit einem* **Reichsboten.**

Sigrist. Hier sind des Landes würd'ge Oberhäupter.
Rösselmann und mehrere.
Sigrist, was gibt's?
Sigrist. Ein Reichsbot bringt dies Schreiben.
Alle *zu Walther Fürst.*
Erbrecht und leset.
Walther Fürst *liest.* »Den bescheidnen Männern
Von Uri, Schwyz und Unterwalden bietet
Die Königin Elsbeth Gnad und alles Gutes.«
Viele Stimmen. Was will die Königin? Ihr Reich ist aus.
Walther Fürst *liest.*
»In ihrem großen Schmerz und Witwenleid,
Worein der blut'ge Hinscheid ihres Herrn
Die Königin versetzt, gedenkt sie noch
Der alten Treu und Lieb der Schwyzerlande.«
Melchthal. In ihrem Glück hat sie das nie getan.
Rösselmann. Still! Lasset hören!
Walther Fürst *liest.*
»Und sie versieht sich zu dem treuen Volk,
Dass es gerechten Abscheu werde tragen
Vor den verfluchten Tätern dieser Tat.
Darum erwartet sie von den drei Landen,
Dass sie den Mördern nimmer Vorschub tun,
Vielmehr getreulich dazu helfen werden,
Sie auszuliefern in des Rächers Hand,
Der Lieb gedenkend und der alten Gunst,
Die sie von Rudolphs Fürstenhaus empfangen.«
Zeichen des Unwillens unter den Landleuten.
Viele Stimmen. Der Lieb und Gunst!
Stauffacher. Wir haben Gunst empfangen von dem Vater,
Doch wessen rühmen wir uns von dem Sohn?

Erbrecht Öffnet den Brief, brecht das Siegel des Briefes auf

bescheidnen verständigen, klugen

Königin Elsbeth Elisabeth von Kärnten, Görz und Tirol (ca. 1262–1313), die Witwe Albrechts I.

Hinscheid Tod

versieht sich zu erwartet von

Vater Rudolf I. von Habsburg

Sohn Albrecht I. von Habsburg

Hat er den Brief der Freiheit uns bestätigt,
Wie vor ihm alle Kaiser doch getan?
Hat er gerichtet nach gerechtem Spruch,
Und der bedrängten Unschuld Schutz verliehn?
Hat er auch nur die Boten wollen hören,
Die wir in unsrer Angst zu ihm gesendet?
Nicht eins von diesem allen hat der König
An uns getan und hätten wir nicht selbst
Uns Recht verschafft mit eigner mut'ger Hand,
Ihn rührte unsre Not nicht an – Ihm Dank?
Nicht Dank hat er gesät in diesen Tälern.
Er stand auf einem hohen Platz, er konnte
Ein Vater seiner Völker sein, doch ihm
Gefiel es, nur zu sorgen für die Seinen,
Die er gemehrt hat, mögen um ihn weinen!

Walther Fürst.
Wir wollen nicht frohlocken seines Falls,
Nicht des empfangnen Bösen jetzt gedenken,
Fern sei's von uns! Doch, dass wir rächen sollten
Des Königs Tod, der nie uns Gutes tat,
Und die verfolgen, die uns nie betrübten,
Das ziemt uns nicht und will uns nicht gebühren.
Die Liebe will ein freies Opfer sein,
Der Tod entbindet von erzwungnen Pflichten,
– Ihm haben wir nichts weiter zu entrichten.

Melchthal. Und weint die Königin in ihrer Kammer,
Und klagt ihr wilder Schmerz den Himmel an,
So seht ihr hier ein angstbefreites Volk
Zu eben diesem Himmel dankend flehen –
Wer Tränen ernten will, muss Liebe säen.
Reichsbote geht ab.

Stauffacher *zu dem Volk.*
Wo ist der Tell? Soll Er allein uns fehlen,

gemehrt bereichert, begünstigt

seines Falls über sein Unglück, seinen tiefen Fall

Der unsrer Freiheit Stifter ist? Das Größte
Hat e r getan, das Härteste erduldet,
Kommt alle, kommt, nach seinem Haus zu wallen,
Und rufet Heil dem Retter von uns allen.
Alle gehen ab.

Zweite Szene

Tells Hausflur. Ein Feuer brennt auf dem Herd.
Die offen stehende Türe zeigt ins Freie.

Hedwig. Walther *und* **Wilhelm.**

Hedwig. Heut kommt der Vater. Kinder, liebe Kinder!
Er lebt, ist frei, und wir sind frei und alles!
Und euer Vater ist's, der's Land gerettet.
Walther. Und ich bin auch dabei gewesen, Mutter!
Mich muss man auch mit nennen. Vaters Pfeil
Ging mir am Leben hart vorbei und ich
Hab nicht gezittert.
Hedwig *umarmt ihn.* Ja du bist mir wieder
Gegeben! Zweimal hab ich dich geboren!
Zweimal litt ich den Mutterschmerz um dich!
Es ist vorbei – Ich hab euch beide, beide!
Und heute kommt der liebe Vater wieder!

Ein Mönch *erscheint an der Haustüre.*

Wilhelm.
Sieh Mutter sieh – dort steht ein frommer Bruder,
Gewiss wird er um eine Gabe flehn.
Hedwig. Führ ihn herein, damit wir ihn erquicken,

Er fühl's, dass er ins Freudenhaus gekommen.
Geht hinein und kommt bald mit einem Becher wieder.

Freudenhaus Haus, in dem das Glück wohnt

Wilhelm *zum Mönch.*
Kommt, guter Mann. Die Mutter will Euch laben.

laben erquicken, stärken

Walther.
Kommt, ruht Euch aus und geht gestärkt von dannen.
Mönch *scheu umherblickend, mit zerstörten Zügen.*
Wo bin ich? Saget an, in welchem Lande?

zerstörten verstörten

Walther. Seid Ihr verirret, dass Ihr das nicht wisst?
Ihr seid zu Bürglen, Herr, im Lande Uri,
Wo man hineingeht in das Schächental.
Mönch *zur Hedwig, welche zurückkommt.*
Seid Ihr allein? Ist Euer Herr zu Hause?
Hedwig. Ich erwart ihn eben – doch was ist Euch, Mann?
Ihr seht nicht aus, als ob Ihr Gutes brächtet.
– Wer Ihr auch seid, Ihr seid bedürftig, nehmt!
Reicht ihm den Becher.
Mönch.
Wie auch mein lechzend Herz nach Labung schmachtet,
Nichts rühr ich an, bis Ihr mir zugesagt –
Hedwig. Berührt mein Kleid nicht, tretet mir nicht nah,
Bleibt ferne stehn, wenn ich Euch hören soll.
Mönch. Bei diesem Feuer, das hier gastlich lodert,
Bei Eurer Kinder teurem Haupt, das ich
Umfasse –
Ergreift die Knaben.
Hedwig. Mann, was sinnet Ihr? Zurück
Von meinen Kindern! – Ihr seid kein Mönch! Ihr seid
Es nicht! Der Friede wohnt in diesem Kleide,
In Euren Zügen wohnt der Friede nicht.
Mönch. Ich bin der unglückseligste der Menschen.
Hedwig. Das Unglück spricht gewaltig zu dem Herzen,
Doch Euer Blick schnürt mir das Innre zu.

Walther *aufspringend.*
Mutter, der Vater!
Eilt hinaus.
Hedwig. O mein Gott!
Will nach, zittert und hält sich an.
Wilhelm *eilt nach.* Der Vater!
Walther *draußen.*
Da bist du wieder!
Wilhelm *draußen.* Vater, lieber Vater!
Tell *draußen.* Da bin ich wieder – Wo ist eure Mutter?
Treten herein.
Walther.
Da steht sie an der Tür und kann nicht weiter,
So zittert sie für Schrecken und für Freude.
Tell. O Hedwig, Hedwig! Mutter meiner Kinder!
Gott hat geholfen – Uns trennt kein Tyrann mehr.
Hedwig *an seinem Halse.*
O Tell! Tell! Welche Angst litt ich um dich!
Mönch wird aufmerksam.
Tell. Vergiss sie jetzt und lebe nur der Freude!
Da bin ich wieder! Das ist meine Hütte!
Ich stehe wieder auf dem Meinigen!
Wilhelm. Wo aber hast du deine Armbrust Vater?
Ich seh sie nicht.
Tell. Du wirst sie nie mehr sehn.
An heil'ger Stätte ist sie aufbewahrt,
Sie wird hinfort zu keiner Jagd mehr dienen.
Hedwig. O Tell! Tell!
Tritt zurück, lässt seine Hand los.
Tell. Was erschreckt dich, liebes Weib?
Hedwig.
Wie – wie kommst du mir wieder? – Diese Hand
– Darf ich sie fassen? – Diese Hand – O Gott!

Tell *herzlich und mutig.*
Hat euch verteidigt und das Land gerettet,
Ich darf sie frei hinauf zum Himmel heben.
Mönch macht eine rasche Bewegung, er erblickt ihn.
Wer ist der Bruder hier?

mutig selbstgewiss

Hedwig. Ach ich vergaß ihn!
Sprich du mit ihm, mir graut in seiner Nähe.
Mönch *tritt näher.*
Seid Ihr der Tell, durch den der Landvogt fiel?
Tell. Der bin ich, ich verberg es keinem Menschen.
Mönch. Ihr seid der Tell! Ach es ist Gottes Hand,
Die unter Euer Dach mich hat geführt.
Tell *misst ihn mit den Augen.*
Ihr seid kein Mönch! Wer seid Ihr?
Mönch. Ihr erschlugt
Den Landvogt, der Euch Böses tat – Auch ich
Hab einen Feind erschlagen, der mir Recht
Versagte – Er war Euer Feind wie meiner –
Ich hab das Land von ihm befreit.
Tell *zurückfahrend.* Ihr seid –
Entsetzen! – Kinder! Kinder geht hinein.
Geh liebes Weib! Geh! Geh! – Unglücklicher,
Ihr wäret –
Hedwig. Gott, wer ist es?
Tell. Frage nicht!
Fort! Fort! Die Kinder dürfen es nicht hören.
Geh aus dem Hause – Weit hinweg – Du darfst
Nicht unter Einem Dach mit diesem wohnen.
Hedwig.
Weh mir, was ist das? Kommt!
Geht mit den Kindern.
Tell *zu dem Mönch.* Ihr seid der Herzog
Von Österreich – Ihr seid's! Ihr habt den Kaiser

Du darfst / Nicht unter Einem Dach mit diesem wohnen. Personen, die für vogelfrei erklärt waren, durfte kein Unterschlupf gewährt werden.

Herzog / Von Österreich Herzog Johann von Schwaben

Oh'm Oheim, Onkel

Erschlagen, Euern Oh'm und Herrn.

Johannes Parricida. Er war
Der Räuber meines Erbes.

Tell. Euern Oh'm
Erschlagen, Euern Kaiser! Und Euch trägt
Die Erde noch! Euch leuchtet noch die Sonne!

Parricida.
Tell, hört mich, eh Ihr –

Tell. Von dem Blute triefend
Des Vatermordes und des Kaisermords,
Wagst du zu treten in mein reines Haus,
Du wagst's, dein Antlitz einem guten Menschen
Zu zeigen und das Gastrecht zu begehren?

Parricida. Bei Euch hofft' ich Barmherzigkeit zu finden,
Auch Ihr nahmt Rach an Euerm Feind.

Tell. Unglücklicher!
Darfst du der Ehrsucht blut'ge Schuld vermengen
Mit der gerechten Notwehr eines Vaters?
Hast du der Kinder liebes Haupt verteidigt?
Des Herdes Heiligtum beschützt? das Schrecklichste,
Das Letzte von den Deinen abgewehrt?
– Zum Himmel heb ich meine reinen Hände,
Verfluche dich und deine Tat – Gerächt
Hab ich die heilige Natur, die du
Geschändet – Nichts teil ich mit dir – Gemordet
Hast du, ich hab mein Teuerstes verteidigt.

Parricida.
Ihr stoßt mich von Euch, trostlos, in Verzweiflung?

Tell. Mich fasst ein Grausen, da ich mit dir rede.
Fort! Wandle deine fürchterliche Straße,
Lass rein die Hütte, wo die Unschuld wohnt.

Parricida *wendet sich zu gehn.*
So kann ich, und so will ich nicht mehr leben!

Tell. Und doch erbarmt mich deiner – Gott des Himmels!
So jung, von solchem adelichen Stamm,
Der Enkel Rudolphs, meines Herrn und Kaisers,
Als Mörder flüchtig, hier an meiner Schwelle,
Des armen Mannes, flehend und verzweifelnd –
Verhüllt sich das Gesicht.

Parricida.
O wenn Ihr weinen könnt, lasst mein Geschick
Euch jammern, es ist fürchterlich – Ich bin
Ein Fürst – ich w a r ' s – ich konnte glücklich werden,
Wenn ich der Wünsche Ungeduld bezwang.
Der Neid zernagte mir das Herz – Ich sah
Die Jugend meines Vetters Leopold
Gekrönt mit Ehre und mit Land belohnt,
Und mich, der gleiches Alters mit ihm war,
In sklavischer Unmündigkeit gehalten –

Tell. Unglücklicher, wohl kannte dich dein Oh'm,
Da er dir Land und Leute weigerte!
Du selbst mit rascher wilder Wahnsinnstat
Rechtfertigst furchtbar seinen weisen Schluss.
– Wo sind die blut'gen Helfer deines Mords?

Parricida. Wohin die Rachegeister sie geführt,
Ich sah sie seit der Unglückstat nicht wieder.

Tell. Weißt du, dass dich die Acht verfolgt, dass du
Dem Freund verboten und dem Feind erlaubt?

Parricida. Darum vermeid ich alle offne Straßen,
An keine Hütte wag ich anzupochen –
Der Wüste kehr ich meine Schritte zu,
Mein eignes Schrecknis irr ich durch die Berge,
Und fahre schaudernd vor mir selbst zurück,
Zeigt mir ein Bach mein unglückselig Bild.
O wenn Ihr Mitleid fühlt und Menschlichkeit –
Fällt vor ihm nieder.

So jung Johann von Schwaben war zum Zeitpunkt des Mordes an seinem Onkel erst achtzehn Jahre alt.

Leopold vgl. Seite 125 unten bzw. 149 f.

die Rachegeister die Erinnyen der griechischen Mythologie, Rachegeister, die Verbrecher – vor allem solche, auf denen eine Blutschuld lastet – heimsuchen und in den Wahnsinn treiben

Acht Ächtung durch die weltliche Obrigkeit

du / Dem Freund verboten und dem Feind erlaubt? dir keiner helfen und jeder schaden darf?

Tell *abgewendet.* Steht auf! Steht auf!
Parricida. Nicht bis Ihr mir die Hand gereicht zur Hülfe.
Tell.
Kann ich Euch helfen? Kann's ein Mensch der Sünde?
Doch stehet auf – Was Ihr auch Grässliches
Verübt – Ihr seid ein Mensch – Ich bin es auch –
Vom Tell soll keiner ungetröstet scheiden –
Was ich vermag, das will ich tun.
Parricida *aufspringend und seine Hand mit Heftigkeit ergreifend.* O Tell!
Ihr rettet meine Seele von Verzweiflung.
Tell. Lasst meine Hand los – Ihr müsst fort. Hier könnt
Ihr unentdeckt nicht bleiben, könnt entdeckt
Auf Schutz nicht rechnen – Wo gedenkt Ihr hin?
Wo hofft Ihr Ruh zu finden?
Parricida. Weiß ich's? Ach!
Tell. Hört was mir Gott ins Herz gibt – Ihr müsst fort
Ins Land Italien, nach Sankt Peters Stadt,
Sankt Peters Stadt Rom
Dort werft Ihr Euch dem Papst zu Füßen, beichtet
Ihm Eure Schuld und löset Eure Seele.
Parricida. Wird er mich nicht dem Rächer überliefern?
Tell. Was er Euch tut, das nehmet an von Gott.
Parricida. Wie komm ich in das unbekannte Land?
Ich bin des Wegs nicht kundig, wage nicht
Zu Wanderern die Schritte zu gesellen.
Tell. Den Weg will ich Euch nennen, merket wohl!
Ihr steigt hinauf, dem Strom der Reuß entgegen,
Die wildes Laufes von dem Berge stürzt –
Parricida *erschrickt.*
Seh ich die Reuß? Sie floss bei meiner Tat.
Tell. Am Abgrund geht der Weg und viele Kreuze
Bezeichnen ihn, errichtet zum Gedächtnis
Der Wanderer, die die Lawine begraben.

Parricida. Ich fürchte nicht die Schrecken der Natur,
Wenn ich des Herzens wilde Qualen zähme.
Tell. Vor jedem Kreuze fallet hin und büßet
Mit heißen Reuetränen Eure Schuld –
Und seid Ihr glücklich durch die Schreckensstraße,
Sendet der Berg nicht seine Windeswehen
Auf Euch herab von dem beeisten Joch,
So kommt Ihr auf die Brücke, welche stäubet.
Wenn sie nicht einbricht unter Eurer Schuld,
Wenn Ihr sie glücklich hinter Euch gelassen,
So reißt ein schwarzes Felsentor sich auf,
Kein Tag hat's noch erhellt – da geht Ihr durch,
Es führt Euch in ein heitres Tal der Freude –
Doch schnellen Schritts müsst Ihr vorübereilen,
Ihr dürft nicht weilen, wo die Ruhe wohnt.
Parricida. O Rudolph! Rudolph! Königlicher Ahn!
So zieht dein Enkel ein auf deines Reiches Boden!
Tell. So immer steigend, kommt Ihr auf die Höhen
Des Gotthards, wo die ew'gen Seen sind,
Die von des Himmels Strömen selbst sich füllen.
Dort nehmt Ihr Abschied von der deutschen Erde,
Und muntern Laufs führt Euch ein andrer Strom
Ins Land Italien hinab, Euch das gelobte –
Man hört den Kuhreihen von vielen Alphörnern geblasen.
Ich höre Stimmen. Fort.
Hedwig *eilt herein.* Wo bist du Tell?
Der Vater kommt! Es nahn in frohem Zug
Die Eidgenossen alle –
Parricida *verhüllt sich.* Wehe mir!
Ich darf nicht weilen bei den Glücklichen.
Tell. Geh liebes Weib. Erfrische diesen Mann,
Belad ihn reich mit Gaben, denn sein Weg
Ist weit und keine Herberg findet er.

die Schreckensstraße Beginn der Gotthardstraße im oberen Reußtal mit der Schöllenschlucht

Windeswehen Schneestaublawinen

Joch Bergrücken

die Brücke, welche stäubet → Seite 150

schwarzes Felsentor das Urner Loch, ein erst 1707 erbauter Felsentunnel

ein heitres Tal der Freude das Urserental bei Andermatt

Rudolph! … deines Reiches Boden → Seite 150

ew'gen Seen kleine Bergseen, deren Wasserstände angeblich das ganze Jahr über konstant bleiben

ein andrer Strom der Fluss Tessin (Ticino) im heutigen Kanton Tessin

Ins Land Italien hinab, Euch das gelobte – → Seite 150

Eile! Sie nahn.
Hedwig. Wer ist es?
Tell. Forsche nicht!
Und wenn er geht, so wende deine Augen,
Dass sie nicht sehen, welchen Weg er wandelt!

Parricida geht auf den Tell zu mit einer raschen Bewegung, dieser aber bedeutet ihn mit der Hand und geht. Wenn beide zu verschiedenen Seiten abgegangen, verändert sich der Schauplatz, und man sieht in der

bedeutet ihn mit der Hand weist ihn mit einer Geste ab

Letzten Szene

den ganzen Talgrund vor Tells Wohnung, nebst den Anhöhen, welche ihn einschließen, mit Landleuten besetzt, welche sich zu einem Ganzen gruppieren. Andre kommen über einen hohen Steg, der über den Schächen führt, gezogen. **Walther Fürst** *mit den beiden Knaben,* **Melchthal** *und* **Stauffacher** *kommen vorwärts, andre drängen nach; wie* **Tell** *heraustritt, empfangen ihn alle mit lautem Frohlocken.*

Alle. Es lebe Tell! der Schütz und der Erretter!

Indem sich die Vordersten um den Tell drängen und ihn umarmen, erscheinen noch **Rudenz** *und* **Bertha,** *jener die Landleute, diese die Hedwig umarmend. Die Musik vom Berge begleitet diese stumme Szene. Wenn sie geendigt, tritt Bertha in die Mitte des Volks.*

Bertha. Landleute! Eidgenossen! Nehmt mich auf
In euern Bund, die erste Glückliche,
Die Schutz gefunden in der Freiheit Land.
In eure tapfre Hand leg ich mein Recht,
Wollt ihr als eure Bürgerin mich schützen?

Landleute. Das wollen wir mit Gut und Blut.
Bertha. Wohlan!
So reich ich diesem Jüngling meine Rechte,
Die freie Schweizerin dem freien Mann!
Rudenz. Und frei erklär ich alle meine Knechte.
Indem die Musik von Neuem rasch einfällt,
fällt der Vorhang.

frei für frei

Zur Textgestalt

Schillers Schauspiel »Wilhelm Tell« entstand zwischen August 1803 und Februar 1804. Vorausgegangen war eine längere Beschäftigung mit dem Stoff, bei der Schiller auch Anregungen Goethes aufgenommen hatte, der, anders als er selbst, die Schweiz aus eigener Anschauung kannte. Uraufgeführt wurde das Stück unter Goethes Leitung bereits am 17. März 1804 im Weimarer Hoftheater. Noch im gleichen Jahr folgten weitere Inszenierungen in Berlin, Mannheim, Breslau, Hamburg, Bremen, Frankfurt am Main und Magdeburg.

Die erste Buchausgabe erschien im Oktober 1804 in Tübingen bei Cotta, dem Hauptverleger von Schillers Werken. Die vorliegende Ausgabe folgt dem Text dieses Bands.

Die Rechtschreibung ist an den heutigen Stand angepasst. Zeichensetzung und Lautstand blieben jedoch unangetastet, wie es mittlerweile bei Neuausgaben älterer Werke üblich ist. So sind Formen wie »fodern«, »förchten«, »kömmt«, »Hülfe« (neben, vereinzelt vorkommend, »Hilfe«), »törigt«, »hieher«, »edeln«, »eiteln« oder »bedaurend« unverändert aus dem Originaltext übernommen. Dagegen wurde etwa »Brod« in »Brot« geändert, ebenso »ertöden« in »ertöten« und »achzig« in »achtzig«, weil diese Eingriffe keinen wesentlichen Einfluss auf die Aussprache haben; auch wurden manche Inkonsequenzen in der Schreibung (»Altdorf« neben »Altorf«, »Armgard« neben »Armgart«, »Arnold vom Melchthal« neben »Arnold von Melchthal«) bereinigt (»Altdorf«, »Armgard«, »Arnold vom Melchthal«).

Besondere Betonungen einzelner Wörter hat Schiller durch gesperrte Schrift oder durch Großschreibung und ganz selten (vgl. V. 741) auch durch die Kombination beider Mittel angezeigt; diese verschiedenen Arten der Hervorhebung sind originalgetreu in die vorliegende Ausgabe übernommen worden.

Erläuterungen

S. 4 Personen und einführende Erläuterungen Schiller schöpfte den Stoff seines Schauspiels hauptsächlich aus zwei Quellen: der alten, zwischen 1534 und 1536 entstandenen Chronik (»Chronicon Helveticum«) des Schweizers Aegidius Tschudi (1505–1572), welche von der Jahrtausendwende bis 1470 reicht; und der vielbändigen »Schweizer Geschichte« (erschienen zwischen 1780 und 1808) seines Zeitgenossen Johannes von Müller (1752–1808). Müller war gebürtiger Schweizer, wirkte aber vor allem in Deutschland, so als Professor für Geschichte, als Bibliothekar in Kassel, Mainz und Wien, als Diplomat und zuletzt unter Napoleons Bruder Jérôme als Direktor des Unterrichtswesens im neu geschaffenen Königreich Westphalen. In den Versen 2947 f. des »Tell« hat Schiller ihm seine Reverenz (seinen Respekt) erwiesen, indem er Stauffacher versichern lässt, die Quelle der Schreckensnachricht von der Ermordung des Königs Albrecht sei ein zuverlässiger, »ein glaubenswerter Mann«: »Johannes Müller bracht es von Schaffhausen.« Schaffhausen war Müllers Geburtsort.
Die Namen vieler Personen, die Schiller in seinem Schauspiel auftreten lässt, hat er den Darstellungen von Tschudi und Müller entnommen. Teilweise gehen auch die Figuren selbst auf geschichtliche Personen zurück. Das gilt für den Landvogt Geßler, den Freiherrn von Attinghausen, die Nebenfigur des Meier von Sarnen, ferner für Rudolph der Harras (›Harras‹ bedeutet ›Stallmeister‹) und natürlich für den Königsmörder Johannes von Schwaben.
Aus Sicht der heutigen Geschichtswissenschaft ist jedoch vielfach ungewiss, ob die bei Tschudi und Müller erwähnten Personen tatsächlich gelebt haben, ob sie nicht eher erfundene Figuren legendenhafter Erzählungen über die Anfänge der Schweiz sind. Die wenigen alten Urkunden, auf die die frühen Historiker ihre Geschichtserzählungen stützten, sind vermutlich zumeist später und

bereits unter dem Eindruck oder zur Beglaubigung der mythischen Erzählung entstanden. So erzählten Tschudi und später Müller mehr den Mythos, die volkstümliche Überlieferung, als das tatsächliche Geschehen der Zeit um 1300 nach, das übrigens auch heute nach wie vor nur ansatzweise rekonstruiert werden kann.

Das schlagendste Beispiel für diesen Sachverhalt ist der Schweizer Nationalheld Wilhelm Tell selbst, der sowohl bei Tschudi wie auch bei Müller eine prominente Rolle spielt. Müller erwähnt sogar, dass Tell zwei Söhne, Walther und Wilhelm, gehabt habe und Walther Fürst sein Schwiegervater gewesen sei. Diese und andere Informationen hat Schiller direkt weiterverwendet. Tell aber ist, darüber sind sich die heutigen Historiker einig, eine Sagengestalt. Begründete Zweifel an Tells historischer Existenz waren schon zu Müllers und Schillers Zeit aufgekommen: 1758 hatte Uriel Freudenberger (1705–1768), der in Ligerz als Pfarrer wirkte, in einer wohlweislich anonym veröffentlichten französischen und deutschen Abhandlung (»Fable danoise«) die These aufgestellt, die Figur des Tell gehe auf eine dänische Sagenfigur aus dem 12. Jahrhundert zurück. Tatsächlich muss sich der Meisterschütze Toko in den von dem dänischen Mönch Saxo Grammaticus aufgezeichneten »Taten der Dänen« (»Historia Danaorum Regumque Heroumque«) eben der grausamen Prüfung seiner Kunst unterziehen, die auch den Kern des Tell-Mythos ausmacht; selbst die Einzelheiten der beiden Erzählungen gleichen sich. Die dänische Geschichte kursierte als Wandersage in Europa und wurde auch in der Schweiz aufgegriffen. Dort wurde sie, anders als überall sonst, zu einem so zentralen Element der nationalen Überlieferung, dass die anderen Versionen der Sage daneben verblassten und in Vergessenheit gerieten und die Schweizer Version die Aura geschichtlicher Wahrheit erwarb.

Wie ungern die Schweizer auf Tell als einen ihrer Gründungsväter verzichten wollten, zeigt die harsche Reaktion der Obrigkeit auf Freudenbergers Schrift: Sie wurde noch im selben Jahr in Altdorf vom Henker symbolisch verbrannt.

So stark war schon damals die Identifikation mit dem Tell-Mythos. Durch Schillers Drama erhielt er dann eine ungeheure Strahlkraft. Das gilt nicht nur für das vom Gedanken der Nation und von heroischen Gründungsmythen faszinierte 19. Jahrhundert, sondern im Grunde bis heute. Wenn Volker Reinhardt in seiner 2011 veröffentlichten »Geschichte der Schweiz« (München: C. H. Beck) urteilt, der Mythos von der Gründung der Schweiz, der in Schillers »Tell« seine wirkungsmächtigste Gestaltung erfahren habe, sei seither »auf Raten« gestorben (S. 35), so gilt das für den Forschungsstand der Geschichtswissenschaft, aber kaum für das allgemeine Bewusstsein, in dem Tell nach wie vor als ›Mensch aus Fleisch und Blut‹ fortlebt.
Anders als bei Schillers übrigen Geschichtsdramen spielt somit der Vergleich zwischen der geschichtlichen Wirklichkeit und ihrer dramatischen Gestaltung, also die Frage, wie Schiller den historischen Stoff umgeformt hat und welche künstlerischen Absichten er dabei verfolgte, bei der Beschäftigung mit »Wilhelm Tell« eine untergeordnete Rolle. Das liegt daran, dass Schiller nicht wissen konnte, was sich um 1300 in der Schweiz tatsächlich ereignet hat, und dass es uns heute, 200 Jahre später, kaum anders geht.
Das wiederum bedeutet aber keineswegs, dass die geschichtliche Einbettung der Handlung bedeutungslos ist. Um die von Schiller als Bühnenstück gestaltete Geschichte zu verstehen, muss man begreifen, wie die Konfliktlinien verlaufen, welche Mächte sich am Spiel beteiligen, wer in wessen Namen handelt, wer von wem und wie abhängig ist, welche Rollen die Figuren ausüben und welche Handlungsoptionen sich ihnen bieten. Um hierüber Klarheit zu gewinnen, helfen Erläuterungen zu geschichtlichen Hintergründen, wie sie sich zum einen für Schiller darstellten und wie sie zum anderen aus heutiger Sicht erscheinen.
Auf der Grundlage eines solchen Überblicks und tieferen Verständnisses für die Handlungszusammenhänge kann dann in den Blick rücken, wie Schiller es anstellt, eine positive Utopie, eine in viel-

fältige Perspektiven aufgefächerte Erzählung vom Entstehen eines großen und bleibenden Zusammengehörigkeitsgefühls zu entwerfen und diese mit den künstlerischen Mitteln des Dramatikers auf die Bühne zu bringen, um dadurch so unmittelbar wie möglich den Verstand und die Herzen des Publikums anzusprechen.

S. 7 Vierwaldstättensees der Vierwaldstätter See, der nach den vier an ihn angrenzenden »Waldstätte(n)« bzw. Urkantonen der Zentralschweiz benannt ist: Uri, Schwyz, Unterwalden und Luzern

S. 10 Hausrecht Das mittelalterliche Hausrecht erlaubte dem Mann, seine Frau zu töten, wenn sie die Ehe gebrochen hatte; aus diesem Besitzrecht des Mannes gegenüber der Frau leitet sich entsprechend auch das Recht ab, den Fremden zu töten, der beabsichtigt hat, die Ehefrau zu vergewaltigen.

S. 11 mit der Axt hab ich ihm ’s Bad gesegnet habe ich ihn getötet; sarkastische Anspielung auf den spätmittelalterlichen Brauch, dass der Bademeister den Kranken einen Segen erteilte

S. 12 Wo’s nottut, … wagen. Dieser Vers ist in der ersten Buchausgabe nicht enthalten. Er stammt aus drei Bühnenmanuskripten (den sogenannten Hamburger, Mannheimer und Aschaffenburger Manuskripten) und findet sich in fast allen späteren Ausgaben des Stücks. Entsprechend wird er auch hier eingefügt. Würde man auf ihn verzichten, verschöbe sich zudem gegenüber den allermeisten anderen Ausgaben die Verszeilenzählung.

S. 15 Schwört nicht zu Östreich Leistet den in Österreich sitzenden Habsburgern keinen Eid, sondern versucht, euren Status als reichsunmittelbares Territorium zu bewahren. Dieser Status hatte viele Vorteile: Steuerpflichtigkeit nur gegenüber dem Reich, Bewahrung eigener Gerichtsbarkeit oder das Recht, Amtspersonen selbst zu bestimmen. Luzern hatte diese Vorteile eingebüßt und war bereits seit 1297 österreichischer Vasall.

am Reich am Heiligen Römischen Reich (und den damit verbundenen Privilegien und reichsunmittelbaren Rechten, die unter habsburgischer Vorherrschaft verloren gehen würden)

S. 22 zu Uri, in der Freiheit Land Uri wurde im Jahr 1231 als erstem Kanton die begehrte Reichsunmittelbarkeit verliehen.

S. 28 Meinrads Zell das Kloster Einsiedeln in Schwyz, das nach dem Einsiedler Meinrad benannt ist; er lebte von 838 bis zu seiner Ermordung im Jahre 861 als Eremit an dem Platz, an dem der spätere Kaiser Otto I. (912–973) 946 das Benediktinerkloster stiftete.

S. 39 Landammann oder Bannerherr Der Landammann (›Landes-Amtmann‹) war das auf zwei Jahre gewählte Oberhaupt und damit der höchste Beamte einer selbstverwalteten Schweizer Region bzw. Gemeinde. Nach seiner Amtszeit erhielt er den Titel eines Bannerherrn: Im Kriegsfalle durfte er unter einem Banner (militärischen Feldzeichen) Soldaten in den Kampf führen.

S. 41 Die Kaiserkrone geht von Stamm zu Stamm Die Kaiserkrone war nicht erblich. Der deutsche König, der als Schutzherr der Kirche meistens auch die (vom Papst verliehene) Kaiserwürde innehatte, wurde von einem Fürstengremium gewählt. Während es in der Vergangenheit einzelnen mächtigen Herrscherdynastien gelungen war, die Königs- und Kaiserwürde durch mehrere Generationen in der Familie zu halten, konkurrierten vor und nach 1300 verschiedene Fürstenhäuser um die Vorherrschaft. Diese Zeit wird daher auch als die Epoche der ›springenden Königswahlen‹ bezeichnet. Erst im 15. Jahrhundert setzten sich die Habsburger endgültig gegenüber ihren Mitkonkurrenten durch und stellten fortan (ab 1438) bis zum Ende des Heiligen Römischen Reiches Deutscher Nation im Jahr 1806 fast alle Könige und Kaiser.

S. 42 um den mächt'gen Erbherrn wohl verdienen das Wohlwollen des durch die fürstliche Erbfolge vorherbestimmten kommenden Landesherrn erwerben; Rudenz argumentiert, dass man als Vasall der Habsburger seine künftigen Vorteile berechnen könne, während man als loyaler Untertan des gegenwärtigen Königs/Kaisers nicht wisse, ob einem der künftige König ebenfalls gewogen sein werde.
Albrechts Albrecht I. von Habsburg, der älteste Sohn Rudolfs I. (1218–1291, 1273 zum römisch-deutschen König gewählt), gebo-

ren nach 1255 in Rheinfelden, war seit 1282 Herzog von Österreich und der Steiermark und 1298 zum römisch-deutschen König gewählt worden. Er wurde 1308 von seinem Neffen Johann ermordet (was im fünften Aufzug des Stücks noch eine wichtige Rolle spielt).

Favenz Eroberung von Faenza bei Ravenna 1240/41 durch Friedrich II. (1194–1250) aus dem Herrschergeschlecht der Staufer unter Beteiligung von 600 Schweizern aus den Waldkantonen, die vom Kaiser zum Dank die »Freiheitsbriefe« (siehe unten) erhielten

S. 49 Struth von Winkelried Heinrich von Winkelried; der Sage nach ein Schweizer Ritter aus Unterwalden, der einen Drachen tötete und dadurch einen Mord sühnte (vgl. Jacob und Wilhelm Grimm: »Deutsche Sagen«, 1816)

Weiler Ort in Unterwalden, das der Drache terrorisiert haben soll

S. 55 einen alten Brief die Schenkungsurkunde Heinrichs II., die dem Kloster Einsiedeln das Recht zusprach, sein Vieh auf Schwyzer Almen weiden zu lassen; die Schwyzer protestierten so lange, bis sie wegen ihrer Unbotmäßigkeit 1144 von Kaiser Konrad III. mit der Reichsacht und vom Bischof von Konstanz mit dem kirchlichen Bann belegt wurden. Daraufhin erklärten sie ihren Austritt aus dem Reich. Wenig später zogen Uri und Unterwalden nach.

S. 58 Herzog Hansen Hans als Kurzform von Johannes; gemeint ist Herzog Johann von Schwaben (1290–1313), der seinen Onkel König Albrecht I. 1308 ermordete (vgl. dazu S. 150 unten).

von Wart … Tegerfeld Rudolf von Warth und Konrad von Tegerfelden, zwei bei Tschudi erwähnte Freunde und Berater Johanns von Schwaben

S. 88 Das dürft Ihr nicht … Freiheitsbriefen! Die Freiheitsbriefe sicherten den Waldkantonen zu, im eigenen Lande selbst Recht sprechen zu dürfen. Dagegen verstößt Geßler, wenn er Tell aus dessen Heimatkanton Uri nach Küßnacht (damals Luzern und damit unter Habsburger Herrschaft) bringen will.

S. 103 Die Fürsten seh ich … blutige Entscheidung. ein visionärer Ausblick auf die späteren Befreiungskriege der Eidgenossen gegen die Habsburger, deren wichtigste Stationen die Schlachten von Morgarten (1315), Sempach (1386) und Näfels (1388) waren

Der Landmann … Schar der Lanzen Anspielung auf den bei Müller geschilderten Heldentod Arnolds von Winkelried in der Schlacht bei Sempach (Kanton Luzern), in der die Schweizer 1386 die Habsburger Truppen besiegten

der Bund zum Bunde weitere Anspielung auf die zukünftige Entwicklung: 1353 waren in der »achtörtigen Eigenossenschaft« bereits die drei »Waldstätte« Uri, Schwyz und Unterwalden (seit 1291), Luzern (seit 1332), Zürich (seit 1351), Glarus (seit 1352), Zug (seit 1352) und Bern (seit 1353) zusammengeschlossen; 1389 erfolgte die Anerkennung der Eidgenossenschaft durch die Habsburger.

S. 110 Ammonshorn Ammonit; fossile Versteinerung eines Kopffüßers, der im Jura lebte; sein Aussehen erinnert an ein Widderhorn, das Symbol des ägyptischen Götterkönigs Ammon.

anleimt mit dem eignen Blut bezieht sich auf ein angebliches Verfahren der Wildjäger, die sich die Fersen aufgeschnitten haben sollen, damit die blutigen Fußsohlen besser auf den glatten Felsen hafteten

S. 117 Mitten ins Herz … Auch dieser nicht in der ersten Buchausgabe enthaltene Vers ist aus dem Mannheimer und dem Aschaffenburger Manuskript ergänzt (vgl. S. 146, Erläuterung zu: »Wo's nottut, … wagen.«).

S. 119 barmherzige Brüder Mönche eines erst 1540 (also lange nach der Handlungszeit des Stücks, das um 1300 spielt) in Portugal gegründeten Ordens, der sich vor allem der Krankenpflege widmete

Die Raben steigen nieder. Anspielung auf die dunklen Kutten der Mönche und ihre Funktion als Krankenpfleger, die sich des tödlich Verwundeten annehmen

S. 125 Eschenbach … Palm Walther von Eschenbach und Rudolf von Palm, nach Tschudi Freunde Johanns von Schwaben

Hans und Leopold Johann von Schwaben und dessen Cousin Leopold I. (»der Glorwürdige«) von Habsburg (1290–1326), der dritte

Sohn Albrechts I., Herzog von Österreich und der Steiermark; 1315 unterlag er in der Schlacht bei Morgarten den Eidgenossen.

S. 126 Der Ungarn Königin, die strenge Agnes Agnes von Ungarn (1281–1364) war das zweitälteste Kind Albrechts I. und Witwe des ungarischen Königs Andreas III. (um 1265–1301); zur Erinnerung an ihren Vater stiftete sie ein Kloster, in dem sie ab 1317 lebte.

S. 137 die Brücke, welche stäubet die Teufelsbrücke in der Schöllenschlucht, die vom Wasser der Reuß besprüht wurde; dem Volksglauben zufolge hatte der Teufel bei ihrer Errichtung geholfen.

Rudolph! … deines Reiches Boden Rudolf I. (1218–1291), der Großvater Johanns (›Parricida‹), war als deutscher König auch Herrscher über Teile Italiens. Er war 1273 als erster Habsburger zum deutschen König gewählt worden. Die Habsburger waren zu dieser Zeit noch im Südwesten des Reiches ansässig. Ihren Namen leiteten sie von der um 1020 bei Brugg im Aargau errichteten Habichtsburg ab (vgl. S. 126). Erst nachdem Rudolf im Jahre 1278 seinen bisherigen Konkurrenten Ottokar II., den König von Böhmen, bei Dürnkrut geschlagen hatte (wobei der Rivale umkam), erweiterte sich das Herrschaftsgebiet der Habsburger nach Osten. Der Donauraum wurde nun zum Zentrum ihres Territoriums; für die alten westlichen Besitzungen am Rhein bürgerte sich die Bezeichnung ›Vorderösterreich‹ ein. Im Vertrag von Rheinfelden (1283) traf Rudolf mit seinen beiden noch lebenden Söhnen die Übereinkunft, dass der Ältere, Albrecht, Alleinherrscher werden und Rudolf mit einer großen Geldsumme und einem Königreich abgefunden werden solle. Rudolf (der jüngere Sohn) starb 1290 mit zwanzig Jahren. Sein um 1290 in Prag geborener Sohn Johann forderte, als er heranwuchs, immer wieder die ihm (als Rechtsnachfolger seines Vaters) zustehende Entschädigung, wurde aber von seinem Onkel Albrecht hingehalten, bis er ihn schließlich ermordete.

Ins Land Italien hinab, Euch das gelobte – Italien als das »gelobte Land« (vgl. Hebräerbrief 11,9), in dem der Mörder vom Papst die Absolution für seine Sünden erlangen kann

Leben und Werk im Überblick

Marbach am Neckar, Lorch, Ludwigsburg, 1759–1773

Johann Christoph Friedrich Schiller kommt am 10. November **1759** als zweites Kind von Johann Caspar (1722–1796) und Elisabeth Dorothea Schiller (geb. Kodweiß, 1732–1802) in Marbach am Neckar zur Welt. Der Vater entstammt einer schwäbischen Handwerkerfamilie, hat als Militärarzt am österreichischen Erbfolgekrieg (1740–1748) teilgenommen und sich dann als Wundarzt in Marbach niedergelassen, wo er 1749 die Tochter des Löwenwirts heiratete. Nachdem sich der Schwiegervater durch riskante Geschäfte finanziell ruiniert hat, tritt Johann Caspar Schiller 1753 in die württembergische Armee ein und wird zunächst im nahen Ludwigsburg stationiert. **Zwischen 1760 und 1763** folgt die Mutter mit den beiden Kindern (Friedrich und der zwei Jahre älteren Christophine) ihrem Mann nach Würzburg, Urach, Cannstatt, Ludwigsburg und Stuttgart. **Ende 1763** wird der Vater nach Schwäbisch Gmünd versetzt. Die Familie wohnt im etwas entfernten Dorf Lorch, wo die Lebenshaltungskosten niedriger sind. Schiller verlebt hier in ländlicher Idylle friedliche Kinderjahre. Die Predigten des Dorfpfarrers Philipp Ulrich Moser – dem er später in den »Räubern« ein Denkmal setzen wird – wecken in ihm den Wunsch, ebenfalls Pfarrer zu werden.

Im Spätjahr **1766** zieht die gesamte Familie in die Residenzstadt Ludwigsburg. **1767** tritt Schiller in die dortige Lateinschule ein. Der öfters kränkelnde Junge ist ein sehr guter Schüler. Daher fordert der Herzog von Württemberg Carl Eugen (1728–1793) den Vater mehrfach auf, Friedrich in die erst 1770 ins Leben gerufene Militärakademie (später: Hohe Karlsschule) zu geben, in der die künftigen Eliten für Armee und Verwaltung des Landes herangezogen werden sollen. Bei der dritten Anfrage schließlich beugt sich der Vater dem Wunsch des Fürsten und sein dreizehnjähriger Sohn wird im Januar **1773** in die »militärische Pflanzschule« aufgenommen.

Schloss Solitude, Stuttgart, 1773–1780
Schiller ist acht Jahre Schüler der Militärakademie, die zunächst im zwischen Ludwigsburg und Stuttgart gelegenen Schloss Solitude und ab **1775** in Stuttgart untergebracht ist. Der Vater wird für seinen Gehorsam belohnt und 1775 zum Intendanten der Hofgärtnerei des Herzogs ernannt, welches Amt er bis zu seinem Tod zwanzig Jahre später innehat. Schiller soll zunächst zum Juristen ausgebildet werden, wechselt aber **1775** zur Medizin über. Der Kontrollanspruch des Herzogs gegenüber den Zöglingen seiner Schule ist umfassend. Sie werden angehalten, sich gegenseitig zu bespitzeln, und haben kaum noch Kontakt zu ihren Familien: Seine im Mai 1773 geborene Schwester Beata Friederike, die nur ein halbes Jahr lebt, lernt Schiller nie kennen. Als 1774 seine fünfjährige Schwester Maria Charlotte stirbt, darf er nicht an der Beerdigung teilnehmen. Seine 1777 geborene jüngste Schwester Nanette lernt er erst nach der Entlassung aus der Karlsschule kennen.

Schlaksig und offenbar etwas unreinlich, durchlebt Schiller in den Jahren auf der Militärakademie Pubertätskrisen, schließt aber auch zahlreiche Freundschaften – so auch mit dem ein Jahr älteren Johann Heinrich Dannecker, der später ein gefragter Bildhauer werden und mit seinen Schillerbüsten die wirkungsmächtigsten Porträts des Dichters schaffen wird (vgl. Seite 2 dieses Bands) – und erhält eine gründliche und für die damalige Zeit sehr fortschrittliche Ausbildung. Sein noch junger Lehrer Jakob Friedrich Abel vermittelt ihm in Literatur und Philosophie wichtige Anregungen. Schiller liest Shakespeare und arbeitet ab **1777** an einem eigenen Drama, den »Räubern«. **1779** fertigt er in lateinischer Sprache eine medizinisch-philosophische Dissertation (Doktorarbeit) an, die abgelehnt wird. Er schreibt eine zweite Arbeit und enthält Ende **1780** sein Abschlusszeugnis. Zu seiner Enttäuschung – denn sein herausragendes Talent ist dem Herzog nicht verborgen geblieben – wird ihm anschließend die reizlose Stelle eines Regimentsmedikus in Stuttgart zugewiesen. Ebenfalls Ende 1780 legt er letzte Hand an »Die Räuber«.

Stuttgart, Mannheim, Bauerbach, Mannheim, 1781–1785

Auf die Jahre der persönlichen Unfreiheit an der Karlsschule reagiert Schiller zunächst mit einer betont unordentlichen Lebensweise. Seine Dienstpflichten erledigt er unwillig. Er bringt »Die Räuber«, die zunächst niemand drucken will, anonym im Selbstverlag heraus. Dabei macht er Schulden, die ihn noch lange drücken werden.

Am Mannheimer Theater wird man auf das Stück aufmerksam. Die Uraufführung des von Schiller auf Verlangen des Mannheimer Intendanten umgearbeiteten Stücks wird Anfang **1782** ein großer Erfolg. Schiller hat sich ohne Genehmigung aus Stuttgart entfernt, um der Premiere beizuwohnen. Im Frühjahr gibt er eine Sammlung von Gedichten heraus und arbeitet an einem neuen Stück (»Die Verschwörung des Fiesco zu Genua«). Als er im Juli erneut unerlaubt nach Mannheim reist, verhängt der erboste Herzog einen zweiwöchigen Arrest und verbietet Schiller, sich weiter schriftstellerisch zu betätigen. Mithilfe eines Freundes, des Musikers Andreas Streicher, flieht Schiller daraufhin Ende September aus Württemberg. Nach Aufenthalten in Mannheim, Frankfurt und Oggersheim folgt er der Einladung einer Gönnerin, Henriette von Wolzogen, und verbringt ab Ende des Jahres ein gutes halbes Jahr auf ihrem Landsitz im thüringischen Bauerbach. Dort arbeitet er weiter am »Fiesco« sowie an einem Gegenwartsstück, dem fürstenkritischen bürgerlichen Trauerspiel »Luise Millerin«, das letztlich den Titel »Kabale und Liebe« erhält. Zudem entstehen erste Pläne und Entwürfe zu den Geschichtsdramen »Don Karlos« und »Maria Stuart«. Nicht zuletzt aufgrund einer unglücklichen Liebe zur Tochter seiner Gönnerin, Charlotte von Wolzogen, kehrt er im Juli wieder nach Mannheim zurück. Dort erhält er am Theater einen Einjahresvertrag als Theaterdichter. Eine schwere Malariaerkrankung kuriert er mit einer Radikalkur, die zu einer chronischen Entzündung des Magens führt. Anfang **1784** kommen »Fiesco« und »Kabale und Liebe« in Mannheim auf die Bühne. Obwohl letzteres Stück wieder ein begeistertes Publikum findet, wird Schillers Kontrakt als Theaterdichter nicht verlängert.

Leipzig und Dresden, 1785–1787

1785 folgt Schiller der Einladung von vier jungen Verehrerinnen und Verehrern – dem Juristen Christian Gottfried Körner (1756–1831) sowie Ludwig Ferdinand Huber und den Schwestern Minna und Dora Stock – und verbringt als Gast Körners gut zwei weitgehend sorgenfreie Jahre (April 1785 bis Juli 1787) in Leipzig und Dresden. Er setzt seine 1784 in Mannheim begonnene Zeitschrift »Thalia« fort, beendet das Drama »Don Karlos« und verfasst erzählende Prosa (»Der Verbrecher aus verlorener Ehre«). Als Gelegenheitswerk entsteht im Sommer 1785 das – von Schiller nie sonderlich geschätzte – Gedicht »An die Freude«, das Ludwig van Beethoven später im Finalsatz seiner 1824 uraufgeführten Neunten Symphonie vertont hat.

Weimar, Rudolstadt, Jena, Württemberg, 1787–1794

1787 reist Schiller nach Weimar, der Residenzstadt eines kleinen, vergleichsweise unbedeutenden Herzogtums, die aber seit einiger Zeit zu einem kulturellen Zentrum Deutschlands aufgestiegen ist. Goethe ist hier seit einem Jahrzehnt Minister, befindet sich aber gerade in Rom, wo er sich seit dem Vorjahr eine lange Auszeit nimmt. Schiller, der dabei ist, den Sturm und Drang seines Jugendwerks hinter sich zu lassen und – wie zeitgleich auf anderem Wege auch Goethe – eine an der Antike orientierte, klassizistische Ästhetik zu entwickeln, sucht den Kontakt zu den Weimarer Größen wie Christoph Martin Wieland (1733–1813) und Johann Gottfried Herder (1744 bis 1803). Zu Goethe, der die pathetischen und impulsiven Jugendwerke des zehn Jahre Jüngeren eher ablehnt, ergibt sich nach dessen Rückkehr 1788 vorerst kein näherer Kontakt.

Im **Winter 1787/1788** macht Schiller in Rudolstadt die Bekanntschaft der Schwestern Caroline und Charlotte von Lengefeld. Von **Mai bis August 1788** quartiert er sich in der Nähe ein und hat täglichen Umgang mit den beiden. Schriftstellerisch steht das Jahr **1788** im Zeichen der Geschichte: Schiller betreibt historische Studien und schreibt an einer »Geschichte des Abfalls der vereinigten Niederlande von der Spanischen Regierung«, die im Herbst erscheint. Im Dezember wird er, auch auf Goethes Fürsprache hin, als Professor für Geschichte an die (nur 20 Kilometer von Weimar entfernte) Landesuniversität Jena berufen. **1789** tritt er die Professur an und verlobt sich mit Charlotte von Lengefeld. Er arbeitet an einer »Geschichte des Dreißigjährigen Krieges«, die zwischen 1790 und 1793 erscheint. Im Februar **1790** heiratet er Charlotte. Anfang **1791** erleidet er einen gesundheitlichen Zusammenbruch, von dem er sich nie wieder ganz erholt. Die Unterleibskrankheit zwingt ihn, seine Lehrtätigkeit ruhen zu lassen und schließlich aufzugeben. Während der akuten Krankheit beginnt er, Immanuel Kants Werke zu studieren. Ab Dezember 1791 befreit ihn ein insgesamt fünfjähriges Stipendium des jungen Herzogs Friedrich Christian II. von Schleswig-Holstein-Augustenburg (1765–1814) zunächst von Geldsorgen. Auf der Grundlage seines Kantstudiums verfasst Schiller **ab 1793** eine Reihe ästhetischer Schriften (etwa »Über Anmut und Würde«, »Über die ästhetische Erziehung des Menschen« und »Über naive und sentimentalische Dichtung«), um seine künftige Dichtung theoretisch zu fundieren. **Von August 1793 bis Mai 1794** unternimmt er eine lange Reise ins Schwäbische und sieht auch seine Eltern und jüngeren Schwestern wieder. Im September 1793 bringt Charlotte in Ludwigsburg den Sohn Karl Friedrich Ludwig zur Welt. Schiller knüpft Beziehungen zu dem Tübinger Verleger Johann Friedrich Cotta (1764–1832) an, der in der Folge der wichtigste Verleger der Weimarer Klassik wird.

Jena, 1794–1799

Zurück in Jena, lädt Schiller Goethe ein, sich mit Beiträgen an seiner neuen Zeitschrift »Die Horen«, die bei Cotta erscheinen soll, zu beteiligen. Goethe reagiert positiv, woraufhin Schiller ihn auch persönlich weiter umwirbt. Von nun an reißt der Kontakt nicht mehr ab und wird immer intensiver und vertrauensvoller. Goethe und Schiller diskutieren bieflich wie mündlich Fragen der Kunst und Dichtung und spornen sich gegenseitig zu großen Werken an. Vor allem Goethe benötigt solche Impulse, während Schiller ein disziplinierter Arbeiter und anders als der aus wohlhabenden Verhältnissen stammende, mit einem Ministergehalt versehene Freund auch auf den finanziellen Ertrag seiner Werke angewiesen ist. Die übrige literarische Welt wird im »Xenien«-Kampf der Jahre **1796/97** durch kleine Spottverse in ihre Schranken gewiesen (was nicht überall gut ankommt).

Ab **1796** – dem Geburtsjahr seines zweiten Sohns Ernst Friedrich Wilhelm – kehrt Schiller wieder zur Dichtung zurück. Er gibt bis 1800 jährlich einen »Musenalmanach« heraus, in dem beispielsweise **1797** die großen Balladen Goethes und Schillers erscheinen. Zudem arbeitet er am »Wallenstein«. Der Stoff erweist sich als so umfangreich, dass Schiller ihn auf drei Dramen verteilt: das prologartige Stück »Wallensteins Lager«, das fünfaktige Drama »Die Piccolomini« und das Trauerspiel »Wallensteins Tod« (uraufgeführt am Weimarer Hoftheater unter Goethes Leitung im Oktober 1798, Januar 1799 und April desselben Jahrs). Schiller schreibt nun jedes Jahr ein großes Drama. Im Sommer **1799** beginnt er mit der Arbeit an »Maria Stuart«. Im Dezember siedelt er, sechs Wochen nach der Geburt der ersten Tochter Karoline Henriette Luise, mit seiner Familie nach Weimar über.

Weimar, 1800–1805

Im Juni **1800** wird in Weimar »Maria Stuart« uraufgeführt, im September **1801** in Leipzig »Die Jungfrau von Orleans«. Schiller besucht die dritte Vorstellung und wird frenetisch gefeiert. **1802** experimentiert Schiller in der »Braut von Messina« mit der Form der antiken Tragödie. Im April stirbt seine Mutter. Im November wird er geadelt. »Die Braut von Messina« wird im April **1803** in Weimar uraufgeführt. Das Stück erlangt jedoch nie die Popularität der anderen klassischen Dramen aus Schillers Spätwerk. Im März **1804** folgt die Uraufführung von »Wilhelm Tell«, wiederum in Weimar. Im Mai reist Schiller mit seiner hochschwangeren Frau und den beiden Söhnen nach Berlin, um die Chancen und Bedingungen für einen Wechsel in die Metropole auszuloten. Die Verhandlungen scheitern und Schiller bleibt in Weimar. Im Juli kommt die zweite Tochter Emilie Henriette Luise zur Welt. Schiller arbeitet am »Demetrius«, den er nicht mehr vollenden kann. Er stirbt am **9. Mai 1805** im Alter von 45 Jahren an den Folgen seiner chronischen Krankheit.

Die Obduktion ergibt eine weit fortgeschrittene Zerstörung lebenswichtiger innerer Organe. Der Leibarzt des Herzogs schreibt im Obduktionsbericht, bei diesen Umständen müsse »man sich wundern, wie der arme Mann so lange hat leben können«. Wie in Schillers Werk, so triumphiert auch in Schillers Leben der Geist lange über den Körper – bis eben die Kräfte nicht mehr reichen.

Druck A 1 / Jahr 2015

Alle Drucke der Serie A sind im Unterricht parallel verwendbar.

Bildnachweis (S. 2: Schiller-Büste von J. H. Dannecker): Klassik Stiftung Weimar (Goethe- und Schiller-Archiv, Inv.-Nr.: A 2040)

Redaktion, Satz, Erläuterungen und ›Leben und Werk im Überblick‹: Dr. Hans-Georg Schede, Freiburg

Layout: Yvonne Behnke, Berlin

Druck: westermann druck GmbH, Braunschweig

ISBN 978-3-507-69776-8